AF221888

FSC
www.fsc.org

MIX

Papier aus ver-
antwortungsvollen
Quellen
Paper from
responsible sources

FSC® C105338

© 2022, Ousmane Makaiboo Somah
Édition : BoD – Books on Demand,
12/14 rond-point des Champs-Élysées, 75008 Paris
Impression : BoD - Books on Demand, Norderstedt, Allemagne
ISBN: 978-3-755-71257-2
Dépôt légal : Février 2022

Le refus d'être coupable!

Aussi longtemps que les bonnes idées ne seront pas tues ou éteintes, l'Humanité d'aujourd'hui fera mieux que celle d'hier.

Suivez-nous ici sur les réseaux sociaux!

Suivez-nous sur Facebook!

Mot de l'auteur

Se taire ou faire semblant de ne pas voir ou entendre les jérémiades de la masse autour de soi dans un contexte mondial de crises perpétuelles et croissantes peut s'avérer suicidaire. Nulle personne ne peut prospérer sur un îlot de misères, tant qu'elle ne se donne pas à elle-même ses propres chances de sa survie. La survie passe par la fédération avec son environnement et la contribution à son épanouissement.

Ce présent recueil de poèmes voudrait s'inscrire dans une dynamique de sensibilisation et de réflexion sur le jeu démocratique, dont les règles de bases restent parfois méconnues des populations à la base. Les poèmes sont rédigés dans un style assez simple pour une compréhension et une interprétation plus facile. Même si dans le domaine de la littérature, l'interprétation n'est toujours pas chose aisée. Elle reste un domaine encore figé dans les encodages classiques : code herméneutique, code structuraliste, code adamique, code culturel …

Le refus d'être coupable! reste avant tout une œuvre en vue de susciter une prise de conscience réelle du citoyen sur son devenir en particulier et celui de son pays en général. En optant pour le titre **Le Refus d'être Coupable**!, l'idée est de joindre sa voix à celles d'autres citoyens ayant épousé les idéaux de la démocratie et de la bonne gouvernance, afin de susciter un débat intelligent, courtois, non violent et constructeur.

Table des matières

Parents, vos enfants vous mentent!

Ils partent à l'école, mais ne suivent
Pas attentivement et suffisamment les cours,
Adeptes de la rêverie et de la mesquinerie,
Ils pensent être et rester éternellement jeunes,
Le temps se lèche les babines tâchées encore
De la graisse de la vie et la rapproche
Inexorablement de la mort, qui ne se
Fait pas prier, avant de la faucher!
Ils fument la drogue en cachette
Au lieu de se former, de s'instruire!

Parents d'élèves, arrêtez d'élever vos enfants!
Eduquez-les pour une société humaine durable!
Vos enfants ne sont-ils pas quelque part
Vos symétries par rapport à la société?
Ils vous mentent et vous les suivez
Dans leurs caprices quotidiens
Un zéro reçu comme note n'est pas forcément
La faute de l'enseignant ou de l'éducateur!

Votre enfant, vous dit-il vraiment la vérité?
Avez-vous un jour réellement pris le temps
Pour aller voir ce qu'il fait à l'école?
Non, vous chantez toujours la même chanson:
«Je n'ai pas le temps! Le temps me manque!»
Mais le temps, vous l'avez eu pour faire
Un enfant, cet être, qui doit plus tard s'assumer
Et assumer des responsabilités
Et peut-être pas des moindres!
N'êtes-vous pas heureux, quand
Les résultats scolaires sont bons?
N'accusez-vous pas les enseignants,
Quand ces derniers ne sont pas bons?
Et vous? Êtes-vous saints et irréprochables?
Parents, vos enfants vous mentent
Pour aller boire!
Vos enfants vous mentent
Pour aller se prostituer!

Vos enfants vous mentent
Pour aller au cabaret!
Parents, vos enfants vous mentent
Pour aller prendre de la drogue!
Parents, vos enfants vous mentent
Pour aller se droguer!
Parents, vos enfants vous mentent
Pour aller se battre!
Parents, vos enfants vous mentent
Pour aller voler!
Parents, vos enfants vous mentent
Pour aller ...!

Makaïboo Ousmane Somah

La promesse

Il nous a promis un tunnel de richesses,
On s'est mis hardiment à le creuser
Sans relâche et sans arrière-pensées
Ensuite, il est venu nous dire
Que le tunnel était devenu obsolète
Et il nous proposa de le remplacer
Par un canal, un canal navigable!

On s'est mobilisé pour accomplir
Son vœu politique et le travail fut herculéen,
Les travaux étaient durs et le soleil ardent!
On a avancé, forcé, bêché et creusé
Ce canal, ce gigantesque canal, qui
A pris racine à la Place de la Révolution
En passant par les plus grandes artères
De cette ville, nid des contestations
Politiques, des intrigues et de la démagogie!

Nous avons cru en lui et l'avons suivi
Partout, de jour comme de nuit
Pour finaliser ce projet pharaonique,
Ce canal de la vérité, de la justice,
De la cohésion sociale et de la réconciliation,
Ce canal de la gloire, de l'espoir et de foi,
Ce gigantesque projet faisant penser
Au canal de Suez en Égypte, pilier du salut
Et de tout déflaté politique, économique et social!

Le tracé du canal comportait des déviations
Brusques, soudaines, précipitées et osées
Que mêmes les ingénieurs les plus avertis
Ne comprenaient plus et s'inquiétaient !
Chacune de leurs inquiétudes trouvaient
Des explications justifiées et convaincantes
Le canal devrait s'adapter au contexte
National, aux réalités nationales
Socio-économiques et politiques!
C'est ainsi qu'on nous proposa de faire passer

Le canal devant le palais présidentiel!
Mais là, c'était mal connaître le contremaître
Du gigantesque chantier du canal!
Il nous fit promesse de l'attendre,
Car il devait rendre et prendre des dossiers
Au niveau du secrétariat général de la Présidence!
Il déposait sa pelle et son casque de travail,
Rentra à la présidence et à sa sortie,
Et il refusa de continuer à creuser!
Et tous ses ouvriers en firent au tant!

Makaïboo Ousmane Somah

La sempiternelle veille

Si la jeunesse savait que la vie était si rude!
Si le jeune savait que le temps était un leurre!
La jeunesse rimerait avec prudence
Et avec moins d'exigences et caprices
Au détriment des parents qui deviennent,
Inconsciemment ou consciemment
Des Automates à son service!
Ces derniers veillent de la naissance de l'enfant
Jusqu'à la majorité de ce dernier!
Des nuits blanches, des journées interminables,
Les parents sont comme des accusés en sursis!
Ils purgent leurs peines dans un silence absolu
Sous le projecteur des railleries parfois malsaines
Ils jouent les rôles à la fois de gardien,
De facilitateur, de médiateur, de modèle, de …
Pour leurs enfants, qui ne comprennent cela,
Que lorsqu'ils ont eux-mêmes atteint la majorité
Au prix de nombreuses erreurs!
Être mère ou père est synonyme
De privation de libertés et d'envies,
Car les libertés et les envies de l'enfant
Prennent le pas sur tout!
Être parents, c'est être constamment en veille
Pour livrer à la société des enfants acquis
Aux normes et aux valeurs sociales et sociétales!

Makaïboo Ousmane Somah

Comment veux-tu mourir?

Dis-moi voisin,
Comment veux-tu mourir?
En te laissant détruire par la nuisance sonore
Provenant des maquis populaires du voisinage?

Dis-moi citoyen,
Comment veux-tu mourir?
En acceptant que les ordures qui s'entassent
Devant ta porte et dans ta rue d'à côté?

Dis-moi ma sœur,
Comment comptes-tu mourir?
En refusant de dénoncer les bandits armés
Qui sont juste tes nouveaux voisins du quartier?
Quand comptes-tu les dénoncer
Avant qu'ils ne fassent des dégâts?

Dis-moi mon frère,
Comment comptes-tu t'autodétruire?
Comptes-tu le faire en fumant de la drogue?
Comptes-tu le faire en sabotant les projets
Nationaux de développement communautaire?

Dis-moi mon ami,
Comment tu comptes mourir!
Veux-tu le faire en jouant
À la politique de l'autruche?
En refusant de voir la réalité?
Et en te disant ceci:
«On a toujours fait comme cela!»

Dites-moi Chef[1],
Comment comptes-tu nous faire mourir?
En encaissant des billets pour laisser passer
N'importe qui et n'importe quand?

---

[1] Officier de police, de gendarmerie ou des douanes

15

Nos frontières sont poreuses, dit-on!
Mais qui favorise leur porosité?

Dites-moi Monsieur le Président,
Comment comptez-vous nous laisser mourir?
En renflouant vos comptes bancaires à l'étranger?
En piétinant la constitution pour vous éterniser au pouvoir?
En laissant vos ministres et vos collaborateurs
Brader sans état d'âme nos ressources naturelles?

Dis-moi mon frère religieux,
Comment comptes-tu nous faire tuer?
En cachant des armes blanches
Dans les mosquées et sous les boubous?
En transformant les églises en lieu
De comédies pastorales et d'escroqueries?
En laissant les sectes se multiplier?
Quand comptes-tu mettre de l'ordre
Dans tes affaires religieuses?

Dis-moi toi,
Comment comptes-tu mourir?
Dis-le moi en toute responsabilité!

Makaïboo Ousmane Somah

Le jour de mon mariage

Le jour de mon mariage, il y aura du monde,
Le jour de mon mariage, il y aura à manger et à boire,
Le jour de mon mariage, ça sera de la joie!
La musique réunira les parents, les amis
Et mêmes les ennemis sur la même piste de danse!
La joie se lira sur les visages et
Les problèmes du quotidien seront vite oubliés
Juste pour un week-end, juste pour un instant!
Mes parents seront de la partie
Tout ma belle-famille et les amis des amis!
Le jour de mon mariage, le temps sera beau
Le soleil sera là et rira aux éclats avec nous
Il partagera notre joie, il dansera avec nous!
Le jour de mon mariage, le monde arrêtera
De tourner, pour enfin admirer et savourer
Ce bonheur, cette joie, cette union entre
Deux familles, entre deux régions, entre deux êtres
Le jour de mon mariage, des larmes couleront,
Mais celles de la joie et du bonheur!
Ne-dit-on pas que le mariage est
Béni du ciel, de Dieu lui-même?
Le jour de mon mariage, je serai la plus élégante!
Le jour de mon mariage, je serai le plus élégant!
Le jour de mon mariage, la terre ne tournera
Que pour elle et moi, juste pour nous!
Le jour de mon mariage, la paix envahira le monde!

Makaïboo Ousmane Somah

Migrant

Connu sous aussi le pseudonyme d'assaillant,
Tu reçois de part et d'autre des alias
L'extrême droite te classera d'indésirable,
L'extrême gauche de réfugié!
L'Église te verra comme un être humain,
Un accomplissement du miracle divin!
Selon la conjoncture économique internationale,
Tu seras traité d'aide, d'indésirable ou de parasite!
L'intégration n'est pas chose donnée!
Tu te retrouveras dans le ghetto avec
D'autres venus d'ailleurs comme toi,
Par les eaux, la route ou le ciel,
Vos sorts seront peut-être les mêmes!
Camps et asiles dans des conditions
Parfois inhumaines et indignes!
Le traitement des dossiers au cas par cas
Se fera et le tri s'installera seul!

Que de millions dépensés pour arriver en ce lieu!
Que de vies perdues en cours de route!
Le désert a pris sa part en vie humaine,
La mer aussi ne s'est pas fait prier
Pour prendre des vies innocentes!
Dans les camps de réfugiés, la maladie
Et la paupérisation lorgnent de
Façon agressive les pensionnaires!
Le camp est délimité et nulle personne
Ne souhaite en réalité être voisin d'un camp!

Votre statut de réfugiés vous conférera peut-être
Celui de délinquants, de criminels ou de drogués
Partout les regards seront sur vous!
De bonnes gens vous assisteront
Peut-être au nom de l'Humanité,
Ou peut-être en souvenir à leur passé
De migrants, de fugitifs de la misère!
Ils vous viendront en aide avec
La foi, le cœur et la raison!
Makaïboo Ousmane Somah

18

Parallèles au développement?

Chaque jour entraînera son lot de blessés
Chaque jour entraînera son lot de morts
Chaque jour ressemblera à un jour de deuil!
Tant que le civisme sera sous la tutelle de
L'incivisme, de la désobéissance volontaire,
Tant que la constitution et les règles du
Vivre-ensemble, du savoir-vivre et du
Laisser-vivre seront volontairement violées,
Sacrifiées pour des égoïsmes court-termistes,
Nous serons parallèles au développement
Nous ferons toujours des bonds en arrière!
Tant que la vie humaine aura une coloration
Ethnique, religieuse, régionale, sectaire,
Nous observerons juste le développement
Dans les films, dans les manuels scolaires
Via nos smartphones et dans les récits!
Sommes-nous parallèles au développement?
Regarde autour de toi!
Les ordures jonchent les rues!
Les véhicules circulent sans phares,
Dans le but involontaire d'endeuiller des familles
Regarde autour de toi!
Tu verras le mensonge politique érigé
En vérité par des militants de peu de foi!
Nous sommes parallèles au développement
À cause de comportements tribalistes !
À cause de comportements ethnistes!
À cause de comportements régionalistes!
Nous sommes parallèles au développement!
Regarde autour de toi!
Tu verras qu'il n'y a point de projections futures!

Makaïboo Ousmane Somah

Des lits et matelas de la maladie

Les puces et les poux en bandes
Organisées ont élu domicile là-dedans
Dans le matelas, dans ce matelas
Qui devrait être source de santé!
La saleté et la maladie adorent ce nid,
Qu'elles ont transformé en autoroute
Vers le désespoir et la mort!
Ces lits et leurs contenus appelés
Injustement matelas sont caducs,
Dépassés, obsolètes et désuets!
Aucun ministre, ni fils de ministre,
Aucun maire, ni fils de maire,
Aucun député, ni enfants de député
Ne sera alité dans cet amas de
Ferraille injustement appelé lit
Avec un contenu assailli par des puces,
Des poux, des cafards et des punaises!
Et mêmes les salamandres, devenues depuis
Des lustres, les maîtres incontestés des lieux!
Refusent ce lit, refusent ce matelas,
Qu'ils répugnent avec véhémence!
Humains que vous êtes,
Refusez ces lits, refusez ces matelas!
Vos vies valent mieux que ça!
Vous êtes de l'or, mais vous semblez
Ignorer vos valeurs intrinsèques, votre dignité!
Vous êtes des faiseurs de gouvernements,
Des faiseurs de députés
Des faiseurs de maires et de conseillers!
Mais vous semblez ignorer
Votre poids réel de mastodonte!

Makaïboo Ousmane Somah

Pauvres sorciers!

Ils sont accusés de tout,
Même de la paresse légendaire d'autrui!
On les accuse de nos incapacités,
De nos échecs et de nos irresponsabilités!

On croit qu'ils sont la cause de nos malheurs!
Pourquoi le sorcier se trouverait-il seulement
Au village, en campagne, dans la hutte et
Pas dans la ville ou dans les bureaux?

On a fait d'eux des boucs émissaires,
Des prétextes pour nos incapacités!
Ils sont vus derrière chaque échec,
Derrière chaque mort, derrière chaque malheur!
Les sorciers, voici en bon terme péjoratif
Voici ce qui reste d'une humanité
Jadis altruiste, prospère et glorieuse!
On dit qu'ils détiennent nos âmes,
On dit qu'ils boivent du sang humain!
On dit qu'ils jettent des sorts!
On dit qu'ils ...
Que n'avons-nous pas entendu?
Mais toi, qui étais ivre au volant
Et qui as créé un accident mortel!
Qui est maintenant le sorcier?
Toi ou le pauvre vieillard assis au village?
Toi-même qui est absent chronique
Au service, à ton poste
Et qui a reçu une lettre de licenciement,
Peux-tu encore accuser les sorciers?

Makaïboo Ousmane Somah

Les terroristes

Armés de diplômes et de bics,
Assis devant des ordinateurs malveillants,
Ils classent des avenirs, des dossiers,
Qu'ils enferment à double tour dans des tiroirs
Aussi obscurs que les tréfonds d'une tombe!
Ils enterrent nos dossiers, ils les inhument
Sans espoirs d'exhumation possible!

Pour passer au purgatoire, chaque dossier doit
Verser le prix d'une bière ou du carburant!
Sur leurs ordinateurs, ils côtoient et caressent
Le monde extérieur de par sa beauté!
Cette beauté même mise sur pied
Par des diplômés comme eux,
Ces diplômés bâtisseurs, qui s'opposent aux
Diplômés destructeurs, c'est-à-dire à eux.

Ils détruisent tout autour d'eux,
Tels des terroristes, qui laissent
Mort et désolation après leur passage,
Mais leurs bombes ne font pas
De victimes immédiates!
Leurs victimes sont sur le long terme!

Les terroristes sont parmi nous,
En cravate ou en jupe,
Ils opèrent dans la même direction:
Celle de la destruction!

Makaïboo Ousmane Somah

Quand j'ai entendu ...

Quand j'ai entendu l'appel de *la Patrie*,
J'y suis allé en courant
On ne m'a pas servi de l'eau fraîche,
On ne m'a servi que la Mort!
La mort comme à Yirgou!
La Mort comme les cultivateurs la
Donnent aux éleveurs et vice versa!

Quand j'ai entendu, *Nous vaincrons*!
J'ai cru que la victoire serait sur
Un adversaire extérieur, un envahisseur!
Le temps de savourer cette victoire,
Les caisses de l'État étaient vides!
Les malades étaient couchés à même le sol!
Les routes bitumées étaient devenues
Biodégradables et dissolubles!
Les victimes en politique se comptaient
Par centaines de milliers!

Des estropiés, j'en ai vu!
Des unijambistes, des orphelins et des talibés!
Nous vaincrons?
Est-ce le sens que revêt Notre Hymne National?
Vaincrons-nous sur plus faibles que nous?
Nous devrions vaincre plutôt
Notre égo surdimensionné!
Vaincre l'esprit de vol en nous,
Nous revoir et nous redéfinir!
La Patrie ou la Mort, Nous vaincrons!
Ou ma Parcelle ou leur Mort, *Je vaincrai*?

Quand j'ai entendu
La Patrie ou la Mort, Nous vaincrons!
J'ai sauté de joie et
Lorsque mes pieds foulèrent le sol,
Ma joie fut amertume, colère et regret!

Quand j'ai entendu *ou la Mort*,

Je me suis dit, qu'ils étaient prêts
À mourir pour cette Patrie, qui leur a
Tout donné le temps de me retourner
Et toutes les bonnes valeurs étaient déjà
Ensevelies aux cimetières de Dagnoën,
De Gounghin et dans d'autres
Cimetières inconnus avec des martyrs
Inaudibles criant haut et fort:
«Justice pour un repos éternel!»

Quand j'ai entendu, *Nous vaincrons!*
Il était trop tard!
Ils n'avaient vaincu ni la faim,
Ni l'arrogance, ni le mensonge,
Ni la démagogie, ni le vol, ni les coups bas!
Ils s'efforçaient à brader les maigres ressources!

Quand j'ai entendu
Unité-Progrès-Justice!
J'ai compris que cela était impossible!
Unité politique pour mieux piller?
Du *Progrès*? Pour Eux!
Débrouillez-vous, pauvres gens!
Justice pour qui?
Pas pour Nous, les petites gens!

Makaïboo Ousmane Somah

Mangeaille

Des Ouailles qui gouaillent
En quête de mangeaille,
Profitant de la moindre faille
Telle de la volaille
La marmaille trainaille
Dans les rues en quête de ripaille
Tout en refusant le travail!
Ils préfèrent la mangeaille
Au travail et tiraillent
Sur tous ceux qui travaillent
Honnêtement et sans faille
Et disent ce qui les assaille!
Ouailles, mangeaille, sans travail!

Makaïboo Ousmane Somah

La calebasse fissurée

La calebasse était jadis propre et solide
Elle servait à tous, du lait, du zoom-koom,
Du dolo, du bandji, de l'eau et du bissap...
Cette calebasse commune était le socle
De la cohésion nationale, de l'entraide,
De la concorde et de la solidarité...
Mais, depuis, un certain temps,
Certains ont cru être les dépositaires
De cette calebasse, ses propriétaires réels et vrais!
Cette usurpation a causé des fissures indélébiles
Sur ce précieux récipient ciment social!
Il a pris des coups!
La dernière fois, que j'ai voulu m'en servir
Pour boire de l'eau, l'eau suintait de partout.
Pour chaque trou que je fermais,
De nouveaux se créèrent.
Pour chaque saleté, que je retirais
De notre calebasse magique,
Des milliers s'installèrent
De son Nord, en passant par son Est,
Son Sud et son Ouest,
La calebasse se fissure davantage et
Chaque goutte de lait, de zoom-koom, de bissap
Ou de dolo qui en suinte, fait des morts!
Comment sauver la calebasse commune posée
À un endroit du monde, où tout est tabou,
Sans créer encore plus de problèmes!

Makaïboo Ousmane Somah

Ouagadougou, la ville aux mille-buvettes!

La ville, où les débits de boissons
Sont plus remplis que les bureaux!
Du lundi au dimanche, les débits
De boissons ne désemplissent pas!
La sève alcoolisée coule et enivre
Une clientèle aussi jeune que vieille!
Buvons, festoyons, mangeons!
Le reste, on s'en fout!
Plus la boisson est douce!
Plus les brochettes sont succulentes!
Plus les dossiers s'entassent dans les tiroirs!
L'alcool est la faute de l'impérialisme!
L'impérialisme est la cause de nos malheurs!
Je m'en fous, tu t'en fous et ils s'en foutent!
Créons des maquis devant les services!
Créons des buvettes au sein des hôpitaux!
Créons des gargotes à proximité des écoles!
L'avenir sera alcoolique et saoulard!
Buvons vivant!
Travaillons peu!
Vive le développement dans l'alcool!
Vive la conduite dans l'alcool!
Bonjour la morgue!
Bonjour les invalidités!

Makaïboo Ousmane Somah

La vie est un mensonge

Pleins de songes
Faits de vieilles éponges
Tissés dans un mensonge
Fait par des faux anges
Appelés hommes
Et au féminin, femmes
Ils mentent et leurs bouches
Sentent le venin de la perdition
Dans un monde sans traditions
Voué à la perdition,
À la dénaturation,
À la déformation
Un monde sans ondes
Et once d'humanité
D'honnêteté et de pitié
Mais plein de surdité
Et d'inutilités et de sordidités
Un monde de guerres
De pleurs et de leurres
Animé par des acteurs
Qui ne sont que de beaux parleurs,
Ressemblant moins à des faiseurs

Makaïboo Ousmane Somah

Je ne suis pas ton compère

Je ne veux pas de commères
Dans les commentaires
À faire, à refaire et à défaire
Tu es ton propre malheur
Qui empêche ton propre bonheur
À travers des leurres
Durant des heures,
J'ai essayé de te convaincre
À renoncer au mal et à te connaître
Sans jamais réussir à te convaincre
Tu es maître
De ton destin de traître
Assume-toi
Sans moi
Au fond de toi,
Tu sais que moi,
J'ai un cœur blanc
Qui reflète le blanc
Du bonheur
Qui ne fera point pleurer
Mes frères et mes sœurs!

Makaïboo Ousmane Somah

Les intègres en désintégration

Ils en veulent à l'œuvre de toute une vie
Les envieux, sorciers de première classe
Ils veulent tuer Yacouba, le stoppeur du désert
Ils lui en veulent pour avoir reverdi le désert!
Ils veulent sa mort pour occuper anarchiquement
Son espace et le transformer en site d'orpaillage,
En non-lotis, en quartiers précaires, ...
Ils sont tellement pauvres dans la tête
Qu'ils sont capables de vendre leur natte
Le matin pour ensuite dormir à la belle étoile
Le soir, ces ignorants de l'équilibre naturel,
Ces rois de la bêtise et de l'émotivité légendaire!
Ils veulent assassiner un Homme oint par Dieu
Himself, un Homme à la gloire tardive et réelle!
Ils veulent éliminer l'Homme-Arbre,
L'Homme à la main engraissante,
L'Homme-Plante, pour hypocritement
Venir larmoyer à ses funérailles!
Pourquoi tuent-ils tous ceux qui sont capables?
Le désert aime les ignorants et les idiots!
Il avancera et continuera d'avancer avec
Son corollaire de malheurs et de malheureux!
Le Burkinabè est ennemi de l'Arbre!

Makaïboo Ousmane Somah

Thomas Sankara pleure

Sankara Thomas pleure, il pleure
Depuis une tombe inconnue!
Il pleure de douleurs terribles,
Il pleure toujours, pas parce
Que ses assassins courent toujours,
Pas parce qu'il n'a pas eu justice!
Il pleure, parce qu'à la place du burkinabè,
A surgi le *Burkidealer*, ce narcodealer!
Il pleure, parce qu'à la place du burkinabè,
Est né un *burkiterroriste*,
Il tue au nom d'une idéologie étrangère
À lui, qui le méprise lui-même,
Mais qui aime bien l'utiliser,
Tels les jeunes de Banfora
Qui utilisent massivement la capote!
Il pleure, parce qu'à la place du burkinabè,
Est apparu le *burkicaméléon*,
Cet être sans âme et sans égo,
Ce parjure déprincipé, il pleure,
Parce qu'à la place du burkinabè,
Est né le *burkisuperinsurgé*,
Ce tombeur éternel de «dictateurs»
Qui psalmodie les maximes
Tel un perroquet de maison!
Il pleure, parce qu'à la place du burkinabè,
Est apparu le *burkiparvenu*,
Ce voleur de deniers publics,
Ce terroriste aux cols blancs!
Il pleure, parce qu'à la place du burkinabè,
Est apparu l'opportuniste, ennemi du Travail.

Makaïboo Ousmane Somah

Enseignant

Ô formateur contre l'obscurantisme,
Armé de craie et stylo, tu pars en guerre
Contre l'ignorance, la barbarie,
L'arrogance et la bêtise!
Le stylo te sert de sagaie et
La feuille blanche de bouclier
Tu tires avec ta craie sur
Le tableau noir pour faire
Jaillir la connaissance et la lumière,
Afin d'éclairer les cerveaux arriérés
Enseignant, tu remplis le cerveau de
Connaissances durables et équilibrées
Tu es l'ennemi de l'obscurité et ami de la lumière!
Les terroristes ne t'aiment pas,
Le gouvernement aussi!
Tu es incompris
Par les élèves et par leurs parents!
Pourtant, tu es et restes
Le centre nerveux du développement!
Tu es l'Alpha et l'Omega de ce dernier!
Sans toi, pas de progrès!
Sans toi pas de programmes politiques!
Sans toi, pas de sciences!
Sans toi, c'est l'état de nature!
Sans toi...

Makaïboo Ousmane Somah

Sortez, le riz gras politique est prêt!

Sortez et mangez!
Mais ne lisez pas
Les programmes politiques!
Sortez et dansez!
Mais ne lisez pas
Les programmes de vos candidats!
Sortez et applaudissez!
Mais ne lisez pas
Les programmes proposés!
Sortez et riez!
Mais ne lisez pas
Les programmes qui gouverneront vos vies!
Sortez et prenez des T-Shirts!
Mais ne lisez pas les programmes!
Sortez et prenez les billets de banque!
Mais ne lisez pas les programmes!
Sortez, sortez, sortez,
Le riz gras politique est prêt!
Amenez vos assiettes, servez-vous!
Mangez votre avenir, mangez celui de vos enfants!
Mais ne lisez pas les programmes politiques!
Mangez le riz gras politique et
Buvez de l'eau minérale, l'eau des vigiles!
Sortez danser, applaudir, rire, manger et prendre!
La facture vous sera dressée
Via les détournements et les ristournes!
Via la gabegie et la surfacturation!
Sortez, sortez, sortez!
Le riz gras politique est prêt!

Makaïboo Ousmane Somah

Nos projets

Nous faisons nos projets sans
Demander la permission à la vie!
Faire des projets rend immortel,
Faire des projets donne l'espoir à la vie
Et s'annonce comme une victoire sur la mort!
La mort, cette tueuse d'espoirs et de vie!
La mort, cette traîtresse mécontente
De nos joies, de nos réussites, de nos ambitions!
Elle est allée se coucher en pleine santé
Et nous a parlé de ses projets, de vastes projets!
Il est revenu souriant du travail,
Il venait d'être promu, d'être élevé!
Ce matin, on nous annonce leur mort!
Ils sont partis avec leurs ambitions!
L'âme s'est réveillée et a laissé le corps!
Ce dernier est devenu lourd et ne se réveillera jamais!
L'âme erre autour du corps avec pour projet
De le réintégrer et de lui redonner vie pour continuer
À espérer, à rêver, à méditer et à se projeter dans la vie!
Nous faisons nos projets sans
Demander la permission à la vie.

Makaïboo Ousmane Somah

Éternel égoïsme!

Depuis 1960, les mêmes égoïstes!
Depuis 1960, les mêmes habitudes!
L'autre de telle ethnie a été au pouvoir,
Il a fait construire son village avec les fonds publics
Si tu n'es pas content, deviens président
Et sauve ton ethnie, ta tribu ou ta région!
Le trésor public est devenu la tire-lire des amis

Depuis 1960, ce sont les mêmes qui sont aux affaires!
Ils dirigent et transmettent le pouvoir à leurs progénitures!
La démocratie née sur les cendres du parti unique,
Sur les cendres de la dictature, s'est tribalisée
Elle est devenue une forme hybride,
Dans laquelle les divergences se veulent violentes!
Est-ce cela la démocratie?
Est-ce cela la liberté?
Doit-on tuer au nom de la démocratie?

Depuis 1960, notre intolérance a créé des intolérants!
Des intolérants, qui ont forgé des intolérants!
La cravache a laissé des séquelles indélébiles
Sur nos peaux qui sont devenues dures et impénétrables!

Makaïboo Ousmane Somah

Coronavirus, le vainqueur

Coronavirus, le vainqueur de David et de Goliath,
Minuscule, fin et malicieux,
Le coronavirus a fait en
Quelques semaines, ce que personne
N'a jamais osé faire avant lui!
Il a mis le monde entier en
Vacances et en congés forcés!
Il a parlé à la place des patrons,
À la place des capitalistes, socialistes
Et communistes honnêtes ou véreux.
Son jugement a été sans appel!
Il est venu pour mettre un temps soit peu
Au pas cette humanité arrogante,
Méchante, guerrière et sans âme
Il est juste et équitable et frappe tout le monde
Et au même moment sans rendre compte
Ce virus, loin d'être une malédiction, ressemble
Plus à une bénédiction!
Il a occasionné la réflexion personnelle,
Sectorielle, corporatiste, communautaire,
Collective, nationale et internationale!
Ce virus conteste et défie notre avancée scientifique
Et du même coup, fait ombrage à de nombreuses
Autres infections, qui tuent et continueront de tuer
Dans un silence total et absolu.
Ce virus a créé la plus grande famine dans les pays à
Faibles ressources et à approvisionnement faible.
Ce virus a su stopper la mythomanie de religieux
Véreux, qui jadis profitaient injustement de
La faiblesse et de l'abrutissement de leurs fidèles
Ce virus donne une autre chance à l'humanité,
Celle de mieux faire, celle de nous redéfinir, de définir
Notre humanité, notre solidarité et notre compassion!
Des milliers de personnes sont mortes de faim due au
Confinement sans accompagnements dans de
Nombreux pays pauvres!
Le programme alimentaire mondial, ne devrait-il
Peut-être pas être mis à contribution?
Makaïboo Ousmane Somah

Bientôt, ...

Bientôt, hiver sans neige
Bientôt, désert avec neige
Bientôt, côtes immergées
Bientôt, vent sans oxygène
Bientôt, forêts sans arbres
Bientôt, des rivières sans poissons
Bientôt, des mers sans vie
Bientôt, des nuages pollués
Bientôt, de l'or sans acheteurs
Bientôt, des feux non-stop
Bientôt, des cerveaux sans connaissances
Bientôt, des rivières acides
Bientôt, ...

Makaïboo Ousmane Somah

Le soldat

Ils seront encore et toujours au front,
Pendant que nous serons en fête!
Ils ne dormiront pas en famille et
Seront loin des leurs!

Noël, c'est bien la fête des enfants !
Ils seront loin des leurs
Et ne pourront pas appeler,
Car l'ennemi a juré de ne pas
Nous laisser vivre en paix!

Ils seront sur le qui-vive,
Pendant que nous serons
Devant des tables bien garnies
De nourritures variées et de
Boissons de toutes sortes!

Le métier des armes est difficile,
La mission du soldat est difficile et ingrate
Parmi nous, qui n'avons jamais vu
Le front et les réalités du soldat,
Nous serons là à supputer,
À spéculer et même à jouer le jeu de l'ennemi!

La toile n'est pas faite que d'amis,
Elle comporte aussi des terroristes
Et autres corbeaux de malheur!
Nos victoires leur font mal
Et nos joies les font pleurer!

Les FDS[2] seront dans le froid,
Sous la pluie et le soleil,
Car l'ennemi n'a pas d'heure pour attaquer!
Nous luttons pour vivre et survivre,
Eux, ils luttent pour mourir dans l'espoir

---

[2] Forces de Défense et de Sécurité

De retrouver 72 vierges dans les cieux!
Ils sont tellement amers, qu'ils s'ennuient
Sur cette terre pleine de miracles divins!
Nos soldats seront là pour barrer
La voie aux loups et aux coyotes!
Le devoir du soldat est sacré,
C'est pourquoi il faut éviter de le démoraliser!

Makaïboo Ousmane Somah

De ton indépendance...

Ton ventre n'est pas indépendant,
Il se gave des dons et des aumônes!
Ton cerveau n'est pas indépendant,
Il se nourrit de livres et de sciences lointains!
Ton sommeil n'est pas indépendant,
Tes rêves sont impérialistes!
Ta vision n'est pas indépendante,
Elle est simplement colorée par des visions déjà tracées!
Tes pieds ne sont pas indépendants,
Ils se couvrent de Nike ou de Adidas!
Ton papier hygiénique n'est pas indépendant,
Il torche un cul déjà dépendant!
Tes oreilles ne sont pas indépendantes,
Elles écoutent le monde extérieur!
Ton pet n'est indépendant,
Il sent le chawarma arabe et le spaghetti italien!
Tes armes ne sont pas indépendantes,
Elles parlent français, russe, anglais!
...

Makaïboo Ousmane Somah

Vivre et laisser vivre!

Vivre et laisser vivre
Le droit à la vie ne devrait pas être
Une volonté divine, politique ou économique,
Mais juste un droit transcendant tout!
Vivre et laisser vivre! Vivre et aider à vivre!
Qui sommes-nous pour faire exécuter?
Qui sommes-nous pour juger?
Doit-on tuer au nom d'une idéologie?
Doit-on tuer pour des divergences?
Doit-on faire tuer pour des différences?
Seule une mère connaît les difficultés de la maternité!
Une femme peut accoucher de tous;
D'un président ou d'un prisonnier!
D'un homosexuel, d'un hétérosexuel!
D'un policier ou d'un braqueur!
D'un handicapé ou d'un enfant valide!
Vivre et laisser vivre, voici la maxime!
Aidez à vivre, assister la vie et la protéger!
Qui sommes-nous pour juger du bien ou du mal?
Vivre en distribuant l'amour autour de soi!
Vivre en distribuant la gaieté autour de soi!
La vengeance appelle la vengeance!
Et œil pour œil rend une société aveugle!

Makaïboo Ousmane Somah

Le Burkina Faso ne se résume pas à …

Allez-y leur dire et ce de façon drue
Que le Burkina Faso ne se résume
Pas seulement à Ouagadougou!
Allez rapidement le leur dire que
Notre Nord est menacé!
Le Burkina Faso ne se résume
Pas seulement à Ouagadougou!
Faites un effort et allez le leur apprendre
Que le Burkina Faso ne se résume
Pas uniquement à Ouagadougou!
Dites-leur de tout faire pour que
Notre légitimité territoriale ne se
Limite pas seulement qu'à Ouagadougou!
On tue chaque jour au Nord!
Le Nord est infesté de bandits et de tueurs!
Allez leur dire que nous sommes tous
En danger et que le Burkina Faso
Ne se résume pas qu'à Ouagadougou!
Rappelez-le-leur et vite,
Avant qu'il ne soit trop tard
Que le Burkina Faso ne se résume
Pas seulement à Ouagadougou!
Venez le leur dire et à haute voix,
Car ils sont têtus que le Burkina Faso
Ne saurait se résumer qu'à Ouagadougou!
Vite et vivement, dites-le-leur que
Le Burkina Faso ne se résume
Pas seulement qu'à Ouagadougou!

Makaïboo Ousmane Somah

De La criminalité divine?

Daech a tué au nom de Dieu,
Mais de quel Dieu?
Les croisés ont tué au nom de Dieu,
Mais de quel Dieu?
Les sectes se multiplient au nom de Dieu,
Mais de quel Dieu?
Les terroristes tuent au nom de Dieu,
Mais de quel Dieu?
L'imam parle au nom de Dieu,
Mais de quel Dieu?
Le pasteur parle au nom de Dieu,
Mais de quel Dieu?
Le gourou parle au nom de Dieu,
Mais de quel Dieu?
Satan lui-même parle au nom de Dieu,
Mais de quel Dieu?
Ils tuent et violent au nom de Dieu,
Mais de quel Dieu?
Ils volent et discriminent au nom Dieu,
Mais de quel Dieu?
Dieu est-il un rôtisseur?
Dieu est-il un tueur?
Dieu est-il complice de leurs tueries?
Qui sont-ils pour juger et tuer?
Qui sont-ils?

Makaïboo Ousmane Somah

Les voleurs d'espoirs

Ali Baba et ses 39 voleurs sont là,
Ils se replacent et se repositionnent
Tels des escrocs pour abuser
Des masses mal éclairées et mal politisées,
Les jeunes politiquement incultes s'adonnent à
Des insultes quotidiennes pour protéger les
Escrocs d'hier mués en saints politiques et
En quête d'une virginité sociale et historique
Des jeunes-coffres-forts gardent la tirelire
Des voleurs de la République et ordonnent
Les dépenses pour eux et les leurs,
De l'argent volé et bien placé
Dans les sociétés écrans,
De l'argent blanchi par des
Jeunes voleurs appelés patriotes
Des chantiers sont bâclés
Au nom de l'appartenance politique!
Des morts gisent dans leur sang
À côté des RIP hypocrites ou mal placés,
La Nation s'éloigne de la République
Et se rapproche plus de l'ethnie et de la région
L'insécurité en profite pour germer sur
Les cendres encore chaudes des querelles politiques.

Makaïboo Ousmane Somah

Militaires burkinabè

Le soldat meurt,
Mais son âme reste éternelle
Le mal a la peau dure,
Le soldat a l'âme solide!
Du Nord au Sud, de l'Est à l'Ouest,
Les attaques s'amplifient,
Le soldat tisse progressivement sa tactique
Le mal est visqueux, le soldat est astucieux
Un soldat tombe, dix continuent
La lutte et prennent la relève!
Le soldat burkinabè tombe,
Mais le drapeau reste debout
Et flotte éternellement et
Fièrement pour un avenir radieux!
Le soldat est apolitique,
Il est patriote et impartial!
Il est tout simplement Burkinabè
Et défendra corps et âme
La Mère Patrie contre les parias,
Les mercenaires venus pour flouer au sol
Notre mode de vie commune,
Notre establishment, nos cultures!
La Patrie regorge d'Hommes valeureux!
La Patrie ne tombera pas!
Là, où un soldat tombe, des dizaines se lèvent
Pour prendre la relève et continuer la lutte!
Là, où le soldat trébuche,
La persévérance fait son nid!
Pour que vive la Patrie!

Makaïboo Ousmane Somah

Ils n'ont pas Honte!

Ils n'ont pas Honte
De nous voir mourir!
Ils n'ont pas Honte
De nous voir partir en exil!
Ils n'ont pas Honte
De venir de se soigner en Occident!
Ils n'ont pas Honte
De piller nos maigres économies!
Ils n'ont pas Honte
De vieillir au pouvoir avec des prétextes farfelus!
Ils n'ont pas Honte
De mentir tels des gamins!
Ils n'ont pas Honte
De nous exposer à la face du monde!
Ils n'ont pas Honte
De nous livrer à la xénophobie!
Ils n'ont pas Honte
De nous jeter dans les bras de la mer!
Ils n'ont pas Honte
De nous livrer au désert et aux charognards!
Ils n'ont pas Honte
De grossir pendant que nous maigrissons!
Ils n'ont pas Honte
De nous assassiner ou de nous faire assassiner!
Ils n'ont pas Honte
De piller la veuve et l'orphelin!
Ils n'ont pas Honte
De nous ridiculiser en nous nous infantilisant!
Ils n'ont pas Honte
De jeter l'opprobre sur nous!
Ils n'ont pas Honte
De nous tyranniser au nom de la démocratie!
Ils n'ont tout simplement pas Honte!
Ces Présidents africains, qui en 50 ans n'ont
Pas pu donner un visage humain à l'Afrique!
Ils tâtonnent et accusent l'impérialisme,
Pendant que les vautours se régalent de
Nos cadavres délaissés dans le Sahara,

Dans ce désert sec et aride!
Le départ sonne comme la traite négrière,
Cette fois-ci sans caravelles, mais en Pick-up
Ou en rafiots pour traverser ce cimetière froid,
Qu'est la mer Méditerranée ou rouge!
L'esclavage attend en Lybie, tandis que les
Petits-enfants d'esclavagistes mal reconvertis
Aux droits de l'Homme attendent l'arrivée de
Migrants noirs pour leur dire enfin
Qu'ils sont des étrangers, des assaillants! Ils n'ont pas Honte
De faire de nous des clowns!
Ils n'ont pas Honte
De nous claquemurer! Ils n'ont pas Honte de...

Makaïboo Ousmane Somah

Pourquoi le civisme coûte-t-il moins cher?

En respectant le feu tricolore,
Je sauve ma vie et celle des autres
En respectant le code de la route
Et en circulant avec un casque,
Je me sauve, même si l'avenir m'est incertain!
En respectant le droit et l'ordre,
Je me sauve et je sauvegarde les autres
En évitant le trafic illicite de carburant,
Je me sauve et je préserve les autres
En bouchant le trou devant ma porte,
Je me préserve moi et les miens des accidents
En arrêtant de mettre tout sur le dos de Dieu,
Je décriminalise ce dernier,
Je me responsabilise et je grandis
En évitant le *je-m-en-foutisme,*
Je rends la gouvernance facile à mes dirigeants
Et tout le monde en profite!
En faisant bien mon travail,
Je me forge un caractère fort et
Je rends service à la nation et à moi-même!
En évitant la délinquance économique,
Je contribue au partage des fruits de la croissance
En arrêtant d'accuser l'impérialisme,
Je me responsabilise et j'arrête les jérémiades

Makaïboo Ousmane Somah

Eux et nous!

Quand ils détournent les deniers publics,
Ils sont envoyés comme ambassadeurs
À l'extérieur du pays, loin des regards indiscrets!
Quand nous volons une poule,
Nous allons au violon et nous
En ressortons avec des séquelles indélébiles!
Quand ils s'absentent des bureaux pour aller
Battre campagne, on dit qu'ils sont en mission!
Quand nous venons en retard au travail,
Ils nous traitent d'indisciplinés, d'inciviques!
Quand ils sont malades,
On les envoie dans les hôpitaux de référence
Loin de chez nous, loin de nos mouroirs collectifs!
Quand nous sommes malades,
Ils nous laissent à nous-mêmes,
À nos dieux et à notre sort de damnés!
Même au cimetière, ils nous étouffent,
Ils nous prennent toute la place!
Ils créent ce que nous appelons caveaux familiaux,
Des espaces anarchiquement occupés!
Eux et nous, le contrat qui nous lie,
Est appelé „élections"!

Makaïboo Ousmane Somah

Quand je pense à...

Quand je pense à mon enfance
Et tout ce que j'ai traversé
Je mets genoux à terre pour
Rendre grâce à Dieu!
Il y en a qui ont parié sur moi
Comme un cheval du PMU
Il y en a qui ont dit que je peux pas
D'autres se sont moqués de moi!
Mais je n'ai pas abandonné la foi!
La lampe et le pétrole de 50 francs
M'ont soutenu tout comme la lumière lunaire
Les mangues m'ont soutenu le ventre pour
Que la faim ne me détruisît point!
Quand je pense à mon enfance
Et tout ce que j'ai traversé
Je mets genoux à terre pour
Rendre grâce à Dieu!
Aujourd'hui je suis éclairé par des
Ampoules, par des lampes dorées!
Et grâce au ciel, mes yeux sont intacts!
Mon passé me paraît comme un cauchemar!
Et le futur me sourit!
Quand je pense à mon enfance
Et tout ce que j'ai traversé
Je mets genoux à terre pour
Rendre grâce à Dieu!

Makaïboo Ousmane Somah

Les soldats du futur

Bientôt et même très bientôt,
Leurs militaires ne marcheront plus,
Ils voleront et abattront du ciel leurs cibles!
Pendant ce même temps, nous,
Nous aurons développé des astuces endeuillantes
En nous spécialisant dans des méthodes de vols
Plus raffinées pour enfin déposer des
Fonds volés dans des paradis fiscaux!

Bientôt leurs soldats pourront attaquer
En même temps sur terre, sur mer et dans les cieux!
Pendant ce temps, que ferions-nous?
Des guerres tribales, des guerres pour la chefferie,
La xénophobie, des guerres intercommunautaires,
Le chantage, le vol, le recel, la mesquinerie,
Des débats de terrasse et autres dialogues à n'en point finir!

Pendant que leurs soldats côtoieront les aigles,
Les nôtres côtoieront les crapauds et les lézards!
Le développement est une science,
Une mentalité et une vision!
Alors pourquoi s'étonner
Que leurs soldats viennent occuper nos terres?

Makaïboo Ousmane Somah

Les dons

Nous acceptons tous!
Nous prenons tout!
Nous en avons besoin!
Notre indépendance n'est qu'un vain mot!
Nos savants ont tous déserté les labos
Pour faire de la politique,
Pour avoir facilement des sous!
Les sous de la politique sont gratuits!
On dort à l'assemblée nationale
On fait des sorties à la télé
On signe quelques paperasses
Et hop, la poche est pleine!
Les dons sont comme l'aumône
Faite aux pauvres, faite aux indigents,
Qui ne savent que gouailler!
La mendicité est un vilain défaut!
En 60 ans d'indépendance, rien que
Des traces de dépendance dans tous
Les domaines politique, militaire, social,
Énergétique, économique, monétaire...
Donnez seulement, nous prenons tous!
Nous attendons tout!
Mêmes les déchets nucléaires!

Makaïboo Ousmane Somah

Blanchir

Je blanchis mes habits,
Et toi? Moi?
Je blanchis des parcelles!
Et lui, je ne sais pas!

Mais il me semble qu'il blanchit
L'argent du peuple!
Heu, blanchir de l'argent?
On fait ça comment?
C'est simple,
On prend l'argent du peuple,
On prend un fer à repasser,
On passe sur l'argent et
Il devient blanc?
Ah bon?

Non, on prend l'argent,
On dépose dans des comptes
De mineurs, d'organisations de la sociétés civiles,
d'associations ou de sociétés fictives!
On fait ailleurs des comptes offshores
Ensuite on se joue sur le plan national
Les héros de la vertu et de la crédibilité!

Bon je ne t'ai rien dit hein,
Continuons la conjugaison du verbe blanchir,
Blanchis, blanchissons!
Et demandons aux aigris de la fermer!
Nous sommes ceux-là qui avons chassé
Le dictateur, nous avons donné nos poitrines
Aux canons et aux chars, aigris-là,
Jaloux-là, on s'en fout de vous!
Bandes d'aigris, allez travailler!

Blanchissons, car notre nombre
Est notre blanchiment,
Notre blanchissement est notre force,
Blanchissons, blanchissez!

Blanchissons le Pays!
Blanchissons l'intégrité,
Faisons des hybrides blanchis
Tout en bâtardisant nos acquis, nos honneurs,
Pendant qu'on y est,
Blanchissons nos cerveaux,
Laissons nos ventres intacts,
Je blanchis...

Makaïboo Ousmane Somah

L'esprit noir

Il aime le bon,
Mais le refuse à l'autre!
Il aime la lumière,
Mais le refuse à l'autre!
Il aime l'argent,
Mais l'autre doit rester pauvre!
Il aime la démocratie et ses avantages,
Mais il refuse son application généralisée!
Il aime allumer le feu,
Mais a peur de se brûler!
Il souhaite la mort de l'autre,
Mais a lui-même peur de la mort!
Il aime la bonne chair,
Mais juste pour lui!
Il aime les martyrs,
Mais refuse d'être martyr!
Il adore les complots,
Mais a lui-même peur des complots!
Il aime la constitution,
Mais il refuse l'application de ses lois!
Il caresse le développement,
Mais il refuse le développement à l'autre!
Il actualise chaque jour son téléphone,
Mais il refuse de s'actualiser!
Il aime la femme de l'autre,
Mais il refuse qu'on lorgne la sienne!
Il aime la destruction,
Mais il refuse de se détruire!
Un esprit noir est un esprit anti-développement,
Un esprit de malheur, de feu, un esprit
De suicide collectif, un esprit mortel...
Sans le savoir, il s'autodétruit à jamais...
Un esprit de noir, un esprit noir, un noir esprit,
Qui est tellement lugubre, qu'il ne croit lui-même
Pas aux vertus du travail bien fait, aux vertus de l'honnêteté.
Un esprit maladif, qui voit en toute réussite
La main politique...
Cet esprit aime une chose et son contraire!
Makaïboo Ousmane Somah

Tu veux mourir comment?

Tu veux mourir comment?
En défendant tes idéaux?
En défendant les idéaux d'autrui?
En te laissant manipuler par l'autre?
En te battant pour toi et les tiens?

Dis-moi honnêtement!
Tu veux mourir comment?
En défendant ta maison?
En défendant la maison d'autrui?
En défendant tes principes de vie?
En défendant ta propre constitution?

Sois sincère, dis-le haut et fort!
Tu veux mourir comment?
Comme un chien galeux?
Comme un porc à l'abattoir?
Comme un mouton de tabaski?
Comme un insecte qu'on doit écraser?

Mais non, dis-le nous!
Tu veux mourir comment?
Pour un politique?
Il t'oubliera, lorsqu'on t'ensevelira!
Pour un chef traditionnel?
Il t'oubliera aussitôt qu'on enfermera ta tombe!
Pour un gourou?
Il t'oubliera de sitôt et trouvera d'autres adeptes!
Putain, dis-le explicitement!

Comment veux-tu mourir?
À geindre comme un vieillard?
À pleurnicher comme un bébé?
À te plaindre comme un lâche?
À te lamenter sur ta petite vie?

Tu veux mourir comment, mon frère, ma sœur?
Saches que la vie continuera de te battre sans

Demander ton avis, sans ta permission!
Pourquoi mourir bêtement pour autrui,
Si on peut mourir pour soi-même et ses convictions!
Chacun décide de comment, il mourra!

Makaïboo Ousmane Somah

Si votre ventre n'est pas ....

Si votre ventre n'est indépendant,
Votre cerveau ne le sera pas!
L'indépendance ne se proclame pas,
Elle s'assume et se consolide!
Quiconque ne peut gérer son ventre,
Ne peut gérer son indépendance!
En vérité, une panse aussi profonde que
Les abysses, est source de problèmes
Et de disconvenances profondes!
Nous ne sommes pas que ventre,
Nous ne sommes pas que panse!
Nos ancêtres savaient guider leurs ventres
Ils savaient produire et étaient fiers de
Présenter des greniers pleins de vivres,
De fierté, de gloire, de suffisance et d'abondance!
Le ventre tue tout comme le sexe!
L'impérialisme est dans la mendicité errante!
La rapacité aussi!

Makaïboo Ousmane Somah

Si...

Si ta religion te demande de tuer,
Éloigne-toi d'elle!
Elle est simplement diabolique!
Si ton guide religieux prône la haine,
Éloigne-toi de lui!
Il est simplement démoniaque!
Si la vertu prônée par toi fait dans l'exclusion,
Arrête de la prôner,
Elle est tout simplement diabolique!
Si ton marabout demande du sang humain,
Ce n'est pas un marabout, mais un assassin!
Si ton gourou demande de tuer,
Éloigne-toi de lui et dénonce-le,
C'est simplement un assassin!
Si ton féticheur te demande de sacrifier un proche,
Sacrifie-le en le dénonçant à la police!
Si la maison de Dieu devient un lieu de vente
De leurres, de lubies, de miracles mensongers…
Éloigne-toi d'elle et prie à la maison!
Dieu est partout et en tout!
Si ta chaîne de radio ou de télévision prône la haine,
Zappe et cherche un autre canal plus humanisant!
Si ton père enseigne l'impunité,
Pose-toi des questions sur sa paternité vis-à-vis de toi!
Si ta mère ne sait que maudire,
Pose-toi des questions sur sa maternité vis-à-vis de toi!
Si…

Makaïboo Ousmane Somah

Combien d'étrangers sont en toi?

Combien d'étrangers sont en toi!
Mais ne t'empêchent pas d'avancer?
Ton pantalon est made in Chine
Ta chemise est made in Inde
Ta voiture est made in Allemagne
Ton cigare est made in Cuba
Ta moto est made in Japon
Ton chocolat est made in Suisse
Ta viande est made in Vietnam
Ton téléphone portable est made in Corée du Sud
Ta télé est made in Turquie
Ton tapis est made in Iran
Ton ciment est made in Togo
Ta banane est made in Côte d'Ivoire
Ta montre est made in Russie
Ton avion est made in Usa
Ta culotte est made in France
Ton rasoir est made in Italie
Ton lit est made in Mali
Tes gans sont made in Égypte
Ton char de combat est made in Israël
Ton café est made in Brésil
Tes pneus de voiture sont made in Danemark
Ton lait est made in Pays-Bas
T....
Arrête de me traiter d'étranger,
Pendant que des étrangers sont en toi et sur toi!

Makaïboo Ousmane Somah

Duplicité

Burkinabè est duplicité!
Il dit oui la journée
Et il dit non la nuit
Et vice versa!
Ondoyant et divers,
Il est devenu depuis
L'insurrection, une sorte de
Dieu jusqu'au-boutiste!
Un être aimant les produits
Du développement et ses retombées,
Mais détestant le développement!
Médire, se dédire, se vanter,
Il est ce qui est et sa mentalité
Dessinera le développement qu'il veut!
Le parallélisme avec le développement est
Établi, dégusté, accepté et voulu!
Duplicité, il est duplicité!

Makaïboo Ousmane Somah

Ils sont méchants

Ils sont méchants et se croient
Toujours forts en exposant la misère
De leurs compatriotes, de leurs frères et sœurs!
Ils sont sinistres, malicieux et vicieux!
Pour eux tout concourt au rassemblement du
Bétail électoral, de la masse électorale,
Cette masse née pour applaudir et voter!
Misant sur la misère comme politique,
Ils tiennent les masses par le ventre et
Quelques billets froissés de banque!
Désorientées et perdues, les masses se
Confient désespérément à leurs bourreaux!
Pendant que des milliards indûment perçus,
Sont camouflés dans du charbon fin pour être
Partagés entre amis et en mode extra-muros!
Le mouton allait être dépecé à l'extérieur,
Pendant que plusieurs mains tendues attendent l'aumône!
Ils sont méchants, méchants de rendre l'impérialisme
Responsable de toutes nos misères!
Ils sont méchants d'exposer nos misères!
Ils sont méchants de nous piller et
Ensuite de nous tendre l'aumône!
Ils sont tout simplement méchants
D'insulter nos ventres et notre dignité!

Makaïboo Ousmane Somah

La sauvegarde de l'environnement

La sauvegarde de l'environnement est comme un leurre!
L'humain est le malheur de l'humanité.
Ils prennent des avions pour aller à des sommets
Pour la sauvegarde de l'environnement!
Ils détruisent des forêts entières
Pour y construire des hôpitaux ou en extraire du minerai!
Ils construisent plutôt des capitales sans arbres!
Ils utilisent des paquebots et
Vedettes pour faire de la villégiature!
Ils détruisent des forêts entières
Pour faire de la monoculture!
Ils déversent de l'huile de vidange
Dans la nature et dans les eaux!
Ils sont après étonnés qu'il y ait
Des catastrophes naturelles,
Des cataclysmes, des baisses de précipitations, etc.

Makaïboo Ousmane Somah

Yirgou

Blouse blanche, blouse noire
Le Yin et le Yang,
Ensemble, ils ont décidé de fermer boutique,
D'aller en grève, de se faire entendre
Dans un pays hanté par le terrorisme
Dans un pays hanté par des arrestations arbitraires
Dans pays, où la santé est de l'or!
Blouse noire, blouse blanche
Le pays a besoin de droits!
Le pays a besoin de santé!
Les accusés attendent le juge!
La femme sur la table d'accouchement aussi,
Attend la sage-femme pour l'aider!
Blouse blanche, blouse noire
Qu'est-ce qui se passe?
Yirgou demande justice!
L'orphelin aussi!
Justice, où es-tu?
La santé qui pouvait t'ausculter, est
Aussi multimorbide!
Quand deux malades décident de se battre,
L'hôpital perd son serment d'Hippocrate!
Blouse noire, blouse blanche
Telle une association de la vie et de la mort!
Le linceul est blanc!
La tombe obscure!

Makaïboo Ousmane Somah

64

La chaleur de Ouagadougou

Je comprends pourquoi certains n'arrivent
Plus à réfléchir, la chaleur a surchauffé leur cerveau!
Le rasta est content, car enfin les poux comprendront
Leur douleur dans ses dreadlocks!
Oh chaleur de chaleur!
On fuit la maison pour dormir au dehors,
Mais le loyer reste le même ou sinon augmente!
La chaleur empêche le rapprochement corporel!
Elle éloigne Monsieur de Madame!
Elle éloigne le gars de la go!
Elle est torride et terroriste!
Elle châtie les peaux dépigmentées!
La chaleur de Ouagadougou est à l'image
De la ville, qui est suffocante, sans nature,
Sans verdure, sans arbres, sans espaces verts!
Les dealers de parcelles ont tout pris!
Les Wembrados ont transporté tous les arbres
Chez la dolotière du quartier!
La tête de Ouagadougou est nue
Ouagadougou est chauve
Et le soleil s'amuse sur cette calvitie provoquée!
Qu'il fait chaud et même très chaud!
Le ventilateur brasse du poison!
Le matelas refuse le poids du corps!
La natte se désabonne du dormeur!
La chaleur de Ouagadougou terrorise
Comme un RSP[3], comme un putschiste!
Mais elle refuse de l'admettre!

Makaïboo Ousmane Somah

---

[3] Régiment de Sécurité Présidentielle

Armez-vous!

Armez-vous, bandes d'imbéciles!
Armez-vous, bandes d'imbéciles!
Vous finirez par tous nous tuer!
Hiroshima, Nagasaki, Tchernobyl, ...
Radiez le monde, radiez la terre de l'univers!
Établissez l'équilibre de la terreur
Dans l'indifférence totale de la vie humaine,
Au détriment de l'humanité!
Créez vos guerres et faites-les!
Détruisez tous, tuez tout!
La guerre fait vivre l'économie, dit-on!
L'Humain a perdu de son humanité!
Les armes sont devenues la parole!
La Kalachinikov parlemente plus que
Le parlementaire issu de votes démocratiques!
La poudre tonne dangereusement!
L'Homme a atteint les tréfonds de la bêtise!
L'animal est sage et tue juste pour ses besoins!
L'Homme tue par plaisir pour des dogmes
Assez bizarres et assez obscurs
L'humanité a reculé et recule à chaque
Progrès près tout en rendant les cœurs durs!
La jouissance dans le mal est devenue monnaie courante.
Pauvres humains, je ne peux plus
Prendre conseil auprès de vous!

Makaïboo Ousmane Somah

Le Général, l'œuf et le rebelle

Le Général Félon devrait user de l'œuf
Pour déjouer le complot que lui-même avait
Dessiné, ce piège profond fait par lui!
L'œuf, le seul innocent de cette mascarade
Devrait servir à libérer un prisonnier déjà condamné!
De ce pas, l'éclosion d'un innocent poussin venait
D'être empêchée par un méchant rebelle assoiffé
De sang et de chair humaine, avide de pouvoir!
Le général s'est laissé emporter par ses émotions,
Par sa folie coup-d' étatiste, par sa fourberie!
L'œuf ne peut sauver un condamné!
L'œuf de la honte, l'œuf des coups tordus!
Le général a été enfariné par le petit rebelle!
Un cheval, un dromadaire et un œuf ne pouvaient
Sauver un général aussi immense!
L'œuf s'est cassé et
A libéré des secrets mortels!

Makaïboo Ousmane Somah

Les faux amis

Ils sont là avec vous,
Ils sont là parmi vous,
Ils rient avec vous, mais
Leurs cœurs sont aussi noirs que
Le goudron, noirs que le charbon,
Des sorciers 4.0, qui passent par
La magie noire et les TIC pour
Détruire ce qu'ils n'ont pas construit
Pour nuire dans le simple but de nuire,
Ils ne vont jamais chez le marabout
Ou le féticheur pour trouver des solutions
À leurs irresponsabilités, à leurs soucis,
Ils y vont pour que toi et moi, mourions,
Pour que toi et moi, ne réussissions point,
Ils sont là avec vous, ils vous suivent pour
Voir si le venin inoculé en vous via eux,
Fait effet ou fera effet,
Ils emprisonnent votre âme et boivent de votre sang,
Votre chair leur sert de repas
Votre sang de boisson,
La nuit, votre âme leur sert de cheval
Pour les courses funestes et mortifères,
Ils sont partout et prudents,
Des cobras royaux au venin atomique,
Ils sont plus renseignés sur vous que
Le FBI, la CIA, Interpol,
Ils sont là....

Makaïboo Ousmane Somah

68

Dolo...

Une calebasse pleine de jus de mil
Artisanalement fait par des femmes
Maîtrisant parfaitement la chimie
Sans avoir fait un seul jour de cours de chimie!
Elles concurrencent de loin les brasseries
Modernes, modernisées et chères!
Une calebasse de *dolo* contient plus
Qu'une bouteille de bière chèrement brassée!
Le génie est dans la technique, la technique
Est ancestrale et jalousement gardée!
La consommation du *dolo* est locale et nationale!
Son goût est unique et jamais égalé!
Sa préparation obéit à une hygiène irréprochable
Le *dolo*, la boisson des laborieux travailleurs!
Le *dolo*, la boisson de vie,
Qui lutterait efficacement contre certains
Maux pour lesquels la science moderne
Demande la peau des fesses!
Le Dolo est magique et merveilleux!
Sans le *dolo*, le travailleur sommeillerait!
Sans le *dolo*, la campagne serait triste et monotone!

Makaïboo Ousmane Somah

Ô mon bandji!

Ô mon bandji!
Source d'inspiration, source de joie!
Tu n'es comparable à aucune boisson frelatée!
Tu es unique et sain!
Tu descends directement des Dieux,
Qui t'ont purifié et béni!
Mon bandji de luxe, mon bandji de vie!
Sans toi, je ne suis pas moi!
Sans toi, le rônier n'est qu'un simple arbre!
Ô bandji de mes valeureux ancêtres,
Que ta fraîcheur m'emporte dans les inspirations
Les plus profondes et les plus sacrées!
Mon bandji de tous les jours, toujours imité,
Mais jamais égalé, toujours bu encore et encore!
Du rônier au ventre, tu es traité de façon seigneuriale!
Ô élixir vital, tu crées des jalousies!
Coca-Cola t'envie!
Brakina te fait la concurrence!
Heineken aussi!
Mais tu restes unique!
Ô mon bandji!

Makaïboo Ousmane Somah

La stigmatisation

La nuit s'est installée!
Les âmes errent en quête de salut et de repos!
Ce sont des âmes peules, elles sont au nombre
De 210, 210 âmes massacrées mutilées et saignées!
Elles sont à la recherche des causes de leur malheur!
Elles se demandent ce qu'elles ont fait pour
Mériter pareilles inhumanités!
Elles errent de case en case pour mieux
Hanter les nuits de leurs bourreaux,
Qui se vantent au grand public d'avoir cassé
Du peul, d'avoir pris des vies innocentes!
Les assassins sont là et vivent parmi leurs victimes!
La nuit n'apportera pas la justice!
La nuit ne portera pas conseil!
Les âmes des disparus pleurent en quête de JUSTICE!
Elles ont été assassinées juste pour un délit,
Le délit de faciès, le délit d'être peul!
Les âmes pleurent, la justice attend,
Les assassins courent toujours!
Mais le temps n'effacera pas ce meurtre!
Le temps ne fera pas oublier cet assassinat de masse!
Les pauvres!
Les pauvres!
Ils ont été ciblés!
Leur meurtre a été planifié!
Puis il a été exécuté par des hors-la-loi
Yirgou, ce terrain de non-droits!
Yirgou, le village-martyr!
La cohésion sociale n'est pas
La cohésion du mensonge ou de la fourberie!
Les âmes pleurent!
Elles sont peules!
Yirgou est hanté et immaculé à jamais
Par le sang d'innocents!
Sans justice, l'histoire risque de se répéter!
La nuit s'est installée!
Les âmes errent en quête de salut et de repos!
Makaïboo Ousmane Somah

Filamuso, Filatchè

Filamuso, j'ai besoin de lait,
De lait de vache frais
De lait pour manger mon *bassi*!
De lait frais pour délayer mon *tô*!
De lait pour boire!
Filamuso, as-tu aussi du beurre?
Du beurre frais et bio sans produits chimiques?
Filamuso, toi qui me donnes du lait
Fraîchement trait des vaches!
Tu maitrises ton art!
Filatchè, toi qui maîtrises le langage des bœufs,
Pourrais-tu me trouver un bœuf pour les fêtes?
Pourrais-tu t'occuper de mon troupeau?
Poulo, fulbe, foulfouldé!
Djanwali!
Vos troupeaux fertilisent de leurs crottes
Nos savanes, nos broussailles et nos forêts!
Les pique-bœufs matérialisent vos déplacements,
Ils rendent le ciel blanc!
De leur *kwan kwan kwan*, ils contribuent à l'orchestre
Dans la brousse, dans la forêt, dans la savane!
Fulbe, djanwali!
Filamuso, djanwali!
Filatchè, djanwali!

Makaïboo Ousmane Somah

Justice pour Thomas Sankara

„Justice pour Thomas Sankara"
La seule phrase „Justice pour Sankara"
Fait des morts dans le rang de ses bourreaux!
Certains, aussitôt inculpés, aussi morts!
Sans livrer un seul secret, sans avoir ouvert la bouche!
Ils l'ont fermée à jamais et comme les tombes sont
Muettes et moins bavardes, rien ne filtrera!
Thomas Sankara, ce seul nom crée l'insomnie,
Les crises cardiaques et des diarrhées dans
Le rang des fouteurs de merde et des coyotes
Aux foies jaunis par la méchanceté et la rancune!
Thomas Sankara, ce nom plane au-dessus des têtes
Tel l'épée de Damoclès, tel un tonnerre menaçant
Les vivants de cracher la vérité à temps!
Sankara, ce nom crée l'exil, la débandade!
Certains ont dû fuir tels des rats quittant le navire!
„Justice pour Thomas Sankara", cette phrase fera
Encore et encore des gorges chaudes, car même
Outre-tombe, Sankara continue de hanter les sommeils!
„Justice pour Thomas Sankara"

Makaïboo Ousmane Somah

Si la foi existe...

Si la foi existe tant
Pourquoi le pape voyage en véhicule blindé?
Pourquoi le véhicule papale est-il blindé?
Pourquoi des gardes du corps suivent-ils le pape?
A-t-on besoin de gardes du corps
Pour garder le bastion de la foi?
Si la foi existe tant
Pourquoi l'iman ne travaille-t-il pas?
Pourquoi attend-il beaucoup de ses coreligionnaires
Et peu de lui-même?
Pourquoi le poste d'iman est tant convoité?
Si la foi existe tant
Pourquoi payer tant de sous pour
Atteindre la terre dite „sainte"?
Si la foi existe tant
Pourquoi les pasteurs sont plus riches que les brebis?
Pourquoi les pasteurs roulent-ils dans
De grosses cylindrées hors prix?
Pourquoi les pasteurs sont-ils aussi riches et puissants?
Si la foi existe tant
Pourquoi certains peuples sont-ils
Abusivement appelés „peuple de Dieu"?
Dieu regretterait-il d'avoir engendré les
Autres peuples du monde?
Si la Mecque était en Afrique
Si Lourdes était en Afrique
Si le mur des Lamentations était en Afrique
Si...
Ils n'auraient jamais autant de visiteurs!

Makaïboo Ousmane Somah

La route de la mort

Elle est interminable et longue,
Elle est sombre et noire,
Elle devrait mener à bon port,
Elle devrait rapprocher l'Homme de l'Homme,
Elle a pour mission de désenclaver,
Elle a pour but de réduire les distances,
Au lieu de cela, elle a préféré allonger les distances,
La mort, elle la donne,
La vie, elle la retire,
Elle éloigne les êtres chers les uns des autres,
Elle les envoie au royaume du froid et des ombres,
Elle est pleine de crevasses de déviations non marquées,
De virages marquées, dont les marquages ont été volés
Sous notre regard coupable et vendus à la ferraille,
Des panneaux de signalisations sont vendus au marché noir,
Les fautifs se lèchent les doigts imbibés
Du sang des victimes de la route,
Un panneau de signalisation retiré ou volé offre
Autant de vies à la route,
Autant de sang et autant d'âmes innocentes,
La route ne tue pas volontairement,
Nous l'aidons à nous détruire, à nous perdre davantage,
Elle adore les véhicules sans freins et
Sans inspections aucune,
Elle raffole de pneus usés et de véhicules sans phares,
Elle aime le transport mixte, où animaux, humains et
Bagages voyagent ensemble au mépris de la vie,
Elle aime ceux qui ne respectent pas les feux tricolores,
Elle est amie avec les casseurs de feux tricolores,
La vie se moque de la mort,
Qui finit par la phagocyter,
La route adore le policier pourri,
Qui ferme un œil sur les dérives dans le transport,
Elle adore les motards et les cyclistes sans casques,
La mort se lèche les babines à la vue de vendeurs
Postés le long des routes dans un chaos indescriptible,
Le gendarme et le policier, las de sensibiliser,
Ferment les yeux sur les futurs deuils nationaux,

L'incivisme est le cousin de la mort,
Les comportements accidentogènes rendent les cimetières bossus,
La route de la mort est le résultat de la machination politique,
"La route politique" est toujours moins chère,
Une route du court terme au nom de l'électoralisme puant,
Elle rend le politique riche et arrache les vies innocentes,
La route de la mort est notre création à tous.

Makaïboo Ousmane Somah

Jeunesse *tramadol*

Quand tu n'as plus d'espoirs que toi-même,
Quand les véreux ont tout pris pour eux-mêmes,
Quand les ressources du pays appartiennent à
Un clan, un groupe tribal ou ethnique,
Quand la pauvreté devient le patronyme de
Quelqu'un et la misère sa compagne consolatrice,
Quand la jeunesse est aux abois derrière des
Politiques vétustes en déphasage avec le
Cours du monde actuel et des réalités des masses
Quand l'incivisme devient la règle d'or de gouvernance,
Quand l'Etat fait du laisser-faire et du laisser-aller,
Quand l'eau devient un chantage politique honteux,
Quand les espoirs s'amenuisent et les attentes sont
Colossales face à des désespoirs herculéens,
Quand le tâtonnement devient la règle du jeu politique,
Le fou se frotte les mains pour mieux embrasser
Cette demoiselle sauvageonne appelée Chienlit,
Quand les régions entières sont oubliées et
La justice sociale quasi-absente,
Tramadol devient un allié de taille pour supporter
Les lourds fardeaux créés par des sans-visions
Déculottés et dépassés par le cours des événements,
Tramadol, ce wack de l'énergie vient comme
Un recours fatalement morbide,
Tramadol, la cocaïne des pauvres, ce faiseur
D'espoirs dans un monde de désespérés,
Agrandit les cimetières et défonce ma jeunesse
A fond tel un tsunami avec des vagues apocalyptiques,
Amène les paître en enfer sous le regard indifférent
De Satan, qui sur son trône diabolique, se plait
À voir la saignée opérée au sein de cette jeunesse
Sans lendemain meilleur livrée aux bras de l'exil
Tueur, de l'exil sans retour, de l'exil arnaqueur,
Tramadol, peut-être que le politique te prend
Lui-aussi, afin de pouvoir rester sourd aux
Cris infernaux de damnés perdus d'avance!

Makaïboo Ousmane Somah

Président à vie

Saint Président, priez pour nous!
Saint Président, le Seigneur est avec vous!
36 ans de monocratie et gérontocratie
Ont fini par transformer le Pays en
Pays de vieillards buveurs de
Sang de jeunes Hommes affolés et désorientés
Répartis géographiquement à la surface de la
Terre tels des sans-abris, des SDF, des sans-patrie!
Le Pays a tout pour avancer, mais
Au lieu de cela, il ouvre son large ventre et
Laisse partir ses fils vers l'inconnu, vers le mirage
Le désert du Sahara en tue,
La Méditerranée en tue!
Saint Président, que ton règne dure et
Que ta volonté soit faite sur un peuple
Qui veut retransmettre en différé ses malheurs présents!
Saint Président, merci d'avoir abruti les stars dites
Idoles d'une jeunesse abonnée aux bars et
Aux boissons alcoolisées, tellement endormie
Par les discours flatteurs et mielleux,
À tel point que les gifles magistrales de *Cool Black*
Et de *Cola Sucré* ne peuvent la réveiller!
Merci Président, d'avoir abruti un pays entier!

Makaïboo Ousmane Somah

À Fric

À Fric ou Afrique?
Afrique, terre à fric!
Afrique, terre de fric!
Ce nom est savamment inventé
Pour éventrer le continent et
Prendre son fric en assujettissant
Ses fils et ses filles longtemps restés
Dans la misère sur une terre à fric,
Dont les dirigeants sont les premiers
Actionnaires dans les banques occidentales
Terre à fric, terre d'Afrique!
À quand le réveil pour ramasser le fric
Versé à tes pieds? À quand la maturité?
À quand la fin de la soumission?
À quand la fin des coups?
Jadis jardin d'Eden et berceau de l'humanité,
Aujourd'hui, berceau des guerres et des conflits
Interreligieux, interethniques, intercommunautaires!
Continent à fric, dis-moi pourquoi le fric est si
Difficile à ramasser pour tes fils et filles?
Sommes-nous des édeniens ou des africains?
L'africain ressemble plus à une machine à fric!

Makaïboo Ousmane Somah

Ils ont décidé d'aller mourir ailleurs

Cinquante ans d'indépendance n'ont
Pas fini de sonner comme cinquante ans
De dépendance accélérée et accrue
Ils ont dit qu'ils peuvent, le peuple les a
Suivis et leur a fait une confiance aveugle
Ils ont dit qu'ils pouvaient faire mieux que
Le colon d'hier, nous avons chassé le colon
Pour leur donner le rôle du colon français,
En loups affamés, ils sont devenus plus terribles
Que ce dernier qu'ils accusent d'être la cause
De notre retard, de nos malheurs et de nos peines
En cinquante ans, ils n'ont pas pu ériger un hôpital
À visage humain et à service minimum,
Ils ont préféré, éhontés, d'aller mourir ailleurs
Sur un sol étranger froid et loin de la patrie mère
Avec eux, on a découvert l'impérialisme à visage noir
Des impérialistes noirs aux commandes d'États nègres
Avec une démocratie bananière, où
Dieu est le A et le O de tous,
On l'attend et ses décisions ne sont pas condamnables
Ils ont décidé d'aller mourir ailleurs
Tels des oiseaux migrateurs, loin du petit peuple,
Auquel ils cachent leur moindre mal
Ils ont décidé de se reposer en Europe
Aux frais de leurs contribuables, qui eux,
Ne peuvent se reposer nulle part.

Makaïboo Ousmane Somah

OUAGADOUGOU, ville caserne

Ouagadougou ressemble à une ville dictatoriale,
À une ville martyrisante, martyrisée et militarisée!
Ouagadougou est encadrée militairement!
Et offre une allure martiale digne d'une dictature,
D'une dictature à la nord-coréenne,
D'une dictature à l'érythréenne!
Du nord au sud, de l'est à l'ouest,
Ouagadougou porte une carapace militaire!
Armes en bandoulière, les soldats sont partout!
Mais à la recherche de quoi et de qui?
La gendarmerie et la police veillent à la sécurité citadine!
L'armée doit montrer présence au nord,
À l'est, au sud, à l'ouest, partout!
Le ratissage continue, cette phrase ne
Ressuscitera aucun mort, et n'effrayera aucun terroriste!
Bien au contraire! Elle les encouragera!
Il faut délocaliser les casernes!
Il faut donner une allure démocratique à Ouagadougou!
Il faut donner du travail au soldat,
Qui n'a vraiment pas sa place au cabaret!
Sinon il fouettera involontairement le civil!
Il le traumatisera, tout comme le RSP a
Traumatisé le peuple en septembre 2015!
Ouagadougou ne doit pas ressembler à Pyongyang!
Ouagadougou ne doit ressembler à Asmara!
Sinon elle sera la ville de tous les complots!
Sinon les coups de feu ne cesseront pas!
Ouagadougou, ville-caserne, ville militarisée,
Traumatisme des ouagavillois!

Makaïboo Ousmane Somah

La chaîne

Les menottes passées par le policier
Au délinquant sont visibles et aliénantes,
La chaîne passée autour du cou du chien
Matérialise la domination du maître sur ce dernier,
La corde qui permet au bateau de rester accosté
La chaîne visible est mieux que celle invisible!
L'invisible fait peur, l'invisible est destructeur!
La chaîne mentale, la chaîne de l'aliénation!
Elle transforme un colosse en chaton!
Elle transforme un géant en sommeilleur!
Elle transforme un pays en mendiant!
Elle transforme un État en lambeaux!
400 ans d'esclavage, 100 ans de colonisation
Ne passent pas inaperçus, sans effets!
Ils transforment et abrutissent les masses,
Dont le réveil ne peut se faire qu'avec des coups
De canon, de fouets, de tintamarre de l'éducation!
De l'éducation adaptée aux défis de développement
Aux défis du quotidien, aux défis de la modernité!
En un mot, aux défis de la survie!
La chaîne est là, mais invisible!
Cette invisibilité rend nos enfants passifs!
La chaîne est là à travers les dogmes et les maximes!

Makaïboo Ousmane Somah

Le jour de ma mort

Ils y seront les hypocrites en train
De verser des larmes de joie, en train
De ricaner telles des hyènes savourant leur
Victoire sur la dépouille d'un vieux lion
Ils trouveront des moyens pour venir pleurer,
La cour mortuaire se transformera en podium
Pour un concours de pleurs improvisé,
Tels des êtres sous l'emprise de l'opium,
Chacun passera chanter mes louanges,
Comme si de mon vivant j'incarnais le Christ
En personne, comme si j'incarnais un prophète
Ils viendront hurler comme des hiboux dans la nuit!
Certains feront un post d'affliction sur les réseaux sociaux,
Mais la réalité est ailleurs, la mort est là et
Je ne suis pas là pour m'en rendre compte!
D'autres jureront m'avoir aimé, alors qu'ils
Mentent, ils crieront partout que j'étais un ange!
Ils n'ont jamais aimé personne qu'eux-mêmes!
Quand mon corps prendra la route du cimetière,
Les véhicules rouleront telles des limaces,
Lorsqu'on l'aura enseveli, le rallye reprendra et
La bière manquera, ils iront boire jusqu'à tomber
Dans un coma provoqué et voulu
Le jour de ma mort, certains oseront
Même détourner les dons faits à ma veuve et à
Mes nombreux enfants, ils emporteront tout!
Mes biens seront sources de discordes entre
Ma famille et celle de ma femme, mais je ne
Serai plus là pour séparer les querelles!
Le jour de ma mort....

Makaïboo Ousmane Somah

Avec le temps...

Avec le temps, le vivant devient mort!
Avec le temps, le jeune devient vieux!
Avec le temps, la nuit devient jour!
Avec le temps, le jour devient la nuit!
Avec le temps, le corps devient squelette!
Avec le temps, le roi devient valet!
Avec le temps, le valet devient roi!
Avec le temps, le prisonnier devient président!
Avec le temps, les forces s'amenuisent!
Avec le temps, la vierge devient femme!
Avec le temps, la grandeur devient folie!
Avec le temps, le manager devient mangeur!
Avec le temps, la forêt devient clairière!
Avec le temps, l'argent devient le maître!
Avec le temps, l'opposition devient la majorité!
Avec le temps...

Makaïboo Ousmane Somah

Le sommeil me refuse...

Le sommeil me rejette, tout comme les burkinabè
Ont rejeté le coup d'État de Diendiéré,
Le sommeil me refuse, tel un chômeur
Qui refuse une grossesse,
Le sommeil me refuse, tel Roch qui
Refuse le mouta-mouta de Zida,
Le sommeil me rejette, tel le sénat rejeté
Par les burkinabè dans leur ensemble,
Le sommeil me rejette, tel un lépreux
Courtisé par les mouches, mais rejeté
Par ses frères et sœurs,
Le sommeil me fuit, tels les élèves et
Enseignants qui fuient le sahel en catastrophe,
Le sommeil me refuse, tel le Christ rejeté par
Ses apôtres, qui pourtant avaient juré de mourir pour lui,
Le sommeil me fuit, tel un créancier face aux débiteurs,
Le sommeil me rejette, tel un élément du RSP,
Le sommeil me lâche, tel ....

Makaïboo Ousmane Somah

La santé, ce cadeau tant négligé!

Bien portant et assis sous l'arbre,
Il attend, mais qui au juste?
Il se plaint de ce que rien ne
Marche pour lui, en oubliant
Qu'il est en bonne santé et
Que la santé est un cadeau du ciel,
Un cadeau inestimable permettant
De réussir les combats les plus durs!
Elle n'a pas d'argent pour payer sa mèche
Brésilienne, elle déprime tout en oubliant
Qu'elle est en bonne santé, qu'elle a la
Clef de sa propre réussite en elle!
La santé est un don inestimable,
Un cadeau négligé et vilipendé!
Pour comprendre les vertus de ce cadeau,
Rendez-vous à l'hôpital le plus proche
Pour enfin comprendre la misère de vos
Semblables, de vos frères et sœurs!
Le riche malade étalé sur son lit,
Donnerait tout pour être sur pied!
La brésilienne malade avec ses longs cheveux,
Se les raserait pour recouvrer la santé!
La santé, ce cadeau tant négligé!

Makaïboo Ousmane Somah

Ne sois pas comme l'autre!

Ne sois pas comme l'autre!
À travers ses erreurs, il t'a montré la voie du salut!
De par ses erreurs, il t'a montré comment mieux faire!
Ne sois pas comme l'autre,
Même si tu as été pendant des décennies
Son élève politique préféré, ne fais comme lui!
Ne t'abreuve pas de ses erreurs!
Libère-toi et fais mieux que lui!
N'écoute pas les mauvais conseillers!
Ils sont pires que Lucifer!
N'écoute pas les mauvais ministres!
Ils sont pires que la gale!
Donne une originalité à ton pouvoir!
Donne un peu de poigne à ton ère,
Afin que la gloire puisse jaillir sur le Faso!
Roch, si tu as des oreilles pour entendre,
Écoute ce message et ressaisis-toi!
Ne sois pas comme Maurice Yaméogo!
Prends un peu de Sankara!
Prends un peu de Lamizana!
Prends un peu de Norbert!
Mais ne sois pas comme Blaise Compaoré!
Installe des institutions fortes et éloigne
De toi les Hommes forts qui cherchent à
Affaiblir les institutions pour régner!
Deux mandats suffisent!
Après tes deux mandats, vas labourer ton champ,
Je t'y aiderai si tu le veux bien,
Mais n'essaie pas de tordre le cou à
Ma constitution, qui jadis fut violée à
Répétition, à souhait, encore et encore!
La loi condamne le viol, mais le politicien,
Qui vote les lois, aime le viol!
Ne dis pas qu'on ne t'avait pas dit!
Ne sois pas comme l'autre!

Makaïboo Ousmane Somah

Fonds communs, Fonds des Voleurs!

Ils nous disent de serrer la ceinture!
À force de nous serrer la taille,
Nous ressemblons tous dans ce pays
À des mantes religieuses, à des fourmis!
Pendant que nous la serrons,
Eux, ils grossissent comme des porcs,
Comme des éléphants dans le zoo!
Fonds communs, Fonds des Voleurs!
Ils se partagent des milliards sur nos dos!
Personne n'en parle, car chacun y trouve son goût,
Commun est le nom de ces fonds,
Qui en réalité, appartiennent à une race de rapaces
Insatiables, gloutonnes, cannibales!
Commun, ce fond ne l'est pas!
Il est le fond de l'énervement et de l'incompréhension!
Fonds communs, Fonds des Voleurs!
Si seulement ce type de fonds pouvait être
Versé aux FDS dans le cadre de la lutte contre
Le terrorisme, le grand banditisme, la terreur!
Les fonds communs ressemblent beaucoup plus
À des fonds ségrégationnistes, à des fonds
Divisionnistes, semeurs de troubles, à du vol!
Que fait un financier de plus qu'un enseignant,
Qu'un policier, qu'un infirmier ou médecin, qu'un...?
Fonds communs, Fonds des Voleurs!

Makaïboo Ousmane Somah

Qu'est-ce qu'un(e) journaliste?

Un(e) journaliste va à la recherche
De l'information de première main!
Il/elle ne se contente pas des rumeurs
Ou des cancans, il/elle va aux informations!
Un(e) Journaliste n'est pas un abonné des
Gargotes, des maquis, des cabarets et des bars!
Il/elle est un(e) abonné(e) du terrain,
Du terrain plein de risques et de pièges!
Les reportages sont dangereux et plus
Ils le sont et plus, le/la journaliste gagne
En aura et en professionnalisme!
Un(e) journaliste n'est pas un(e) abonné(e) des perdiems
Il/elle est un abonné(e) des reportages de guerres,
De documentaires, d'émissions jamais vues!
Il/elle est le soldat de la plume, du dictaphone,
De la caméra, du terrain, des marécages!
Un(e) journaliste n'est pas à confondre avec un(e) griot(te)
Ou un(e) mendiant(e) en quête d'aumônes!

Makaïboo Ousmane Somah

Facebook

Facebook, pompes funèbres!
Facebook, mur des lamentations!
Facebook, justice militaire!
Facebook, mur de la fatwa!
Facebook, mur des condoléances!
Facebook, lieu de prostitution!
Facebook, lieu de flirt!
Facebook, la ville des bluffeurs!
Facebook des inboxes traîtres!
Facebook des stars!
Facebook, lieu des bonimenteurs!
Facebook des analystes sans analyses!
Facebook des filles-mères!
Facebook des garçons-mougoupans!
Facebook, lieu d'achat et de vente!
Facebook, lieu de rencontres des saoulards!
Facebook, lieu de faux espoirs!
Facebook des insultes!
Facebook de la rigueur!
Facebook de viol!
Facebook violent!
Facebook, baromètre de la gouvernance?
Facebook, lieu de blocage!
Facebook, lieu de...

Makaïboo Ousmane Somah

Merci à la pluie

Sans la pluie, on ne saurait pas
Que nos réalisations étaient caduques!
Sans la pluie, on ne saurait pas
Que nos routes étaient mal faites!
Sans la pluie, on ne saurait pas
Que nos bâtiments étaient fragiles!
Sans la pluie...
Malheureusement, la pluie ne peut pas tout
Révéler, tout faire ressortir, mettre en exergue!
La pluie ne peut pas mettre à nue la corruption
Dans les bureaux, dans les palais, sous la table!
La pluie ne peut pas mettre à nue
Les magouilles du douanier, qui se
Sucre malicieusement sur le dos des transporteurs!
La pluie ne peut pas mettre au grand jour
Les manigances de politiques véreux
Ayant des comptes offshores loin de la patrie!
La pluie ne peut mettre à nue les tares du prof
Carrent dressé devant ses élèves tel un coq gaulois!
La pluie a ses forces et ses faiblesses!
Elle ne saurait tout faire!
Elle trace les sillons de la vérité et
Fait ressortir les manquements humains!
La pluie vient parfois en censeur pour
Juger, trancher et mettre à nue l'invisible!
Aux décideurs politiques de prendre des décisions
Courageuses pour punir et mettre fin à la chienlit.

Makaïboo Ousmane Somah

Les cortèges de la mort

Ils roulent à tombeau ouvert comme
S'ils fuyaient leur propre peuple!
Ils font du 200 km/heure en agglomération
Comme si le permis de conduire de
Leurs chauffeurs étaient des permis
De tuer, d'exterminer, d'assassiner!
Ils roulent à la *je-m'en-fous*
Comme s'ils fuyaient la misère de ce même
Peuple qui les a élus à la magistrature suprême!
Du président en passant par les ministres,
Tout le monde est devenu un marchand
De mort et de désolations autour de soi!
Ils filent pour aller où? Personne ne sait!
Si leur vitesse en voiture était comparable
À notre niveau de développement,
Notre pays serait comparable aux Usa,
À la France, à l'Australie ou au Japan!
Ils font de la vitesse pour aller s'applaudir,
Pour aller boire de la vodka, manger de la viande
Et ensuite aller saluer leurs féticheurs et les
Marabouts cachés dans les contrées reculées!
Ils ne sont pas pressés pour nous!
Notre mort leur importe peu!
Ils filent pour aller où?

Makaïboo Ousmane Somah

Les gendarmes couchés

Couchés, ils veulent tous nous coucher,
Coucher dans la tombe, dans le cercueil!
Ces dos d'âne, véritables barrières physiques
Sur la voie publique, ont fait et continuent de
Faire des morts, des handicapés et des blessés!
Ils sont des freins à l'économie moderne!
Ils sont des freins à l'avènement du développement!
Ils sont endeuillants et envahissants,
Tels les kolgeweogo, tels les microbes!
Ils ont entamé notre économie,
Ils ont décidé de nuire sous le silence
Coupable de politiques électoralistes,
Complices de nos malheurs présents et futurs!
Nous refusons le progrès et préférons nous
Terrer dans nos peurs inconnues!
Les gendarmes couchés sont un frein
Au développement, à la modernisation et au progrès!
Qu'ils se nomment ralentisseurs, gendarmes couchés,
Dos d'âne ou que sais-je encore,
Ils endommagent considérablement les vies
Et le transport déjà gangrené par des
Nids de poule et des pieds d'éléphant!
Tel un complot, le burkinabè a décidé
De se saborder via les dos d'âne et l'incivisme
Sous le regard hagard des hommes politiques,
En lice pour la pêche future aux électeurs!
Dos d'âne ou gendarmes couchés,
Le langage économique doit être
Le seul langage vers la croissance
Pour tous et pour la nation entière!

Makaïboo Ousmane Somah

Nous ne sommes que métal, bois et papier!

L'humain s'est déshumanisé au profit
Du matériel composé de métal, de bois et de papier!
L'égoïsme a fait de nous du métal, du bois et du papier!
La voiture, le frigo, la machine à laver, la cuisinière....
L'armoire, le lit, les meubles...
L'argent, les diplômes, les passeports...
Nous sommes quotidiennement dehors en quête
De métal, de bois et de papier!
Le béton s'est invité à cette quête effrénée du
Bonheur sans vie, du bonheur sans cœur!
C'est comme si nos cœurs s'étaient transformés
En métal, bois, papier, béton et notre
Sang en acide irriguant difficilement ce cœur
Mué en métal, bois, papier et béton!
La mutation a fait de nous des voleurs de deniers
Publics, des démagogues, des sans-âmes,
Des mendiants de mégas, des lèche-culs...
Et de notre jeunesse essuie-pieds de vieux
Politiques véreux et sans visions!
Nous ne sommes que métal, bois, papier et béton,
Nous nous éloignons chaque jour de notre âme
Avec des lendemains difficilement supportables!
Le fils tuera le père et prendra sa mère comme épouse!
La fille abattra la mère et prendra son père comme époux!
Et tout cela à cause du métal, du bois, du papier et du béton!

Makaïboo Ousmane Somah

94

Kolgeweogo

Des milices armées en divagation
Sur nos routes avec des armes!
Dans un État dit démocratique
Avec une constitution organisant
La vie politique, économique et sociale!
Pour qui roule cette milice, cette horde
Furibarde en quête de présumés voleurs?
Qui est le voleur?
Où se cache-t-il?
Qui assurait la sécurité en Afrique
Traditionnelle mandingue?
Les *Dozos*[4]!
Les *kolgeweogo* ressemblent plus à des
Désœuvrés en quête de reconnaissance sociale,
À des désœuvrés ayant fui les travaux
Champêtres pour se transformer
En chasseur de primes dans un État civilisé!
Agissons intelligemment et ouvrons le
Bon œil, car la milice pourra être la source de nos
Malheurs futurs, tout comme les cartels
Sont le malheur du gouvernement mexicain!

Makaïboo Ousmane Somah

---

[4] Chasseurs traditionnels rencontrés généralement en Afrique de
l'Ouest

La prison du grand Nord

Si tu fais, on t'affecte dans le Nord!
Le Nord, cette prison sans murs, n'était
Rien d'autre que cette partie de notre propre
Pays, qui de par son aridité est devenue
Une prison pour les fonctionnaires réactionnaires,
Pour les récalcitrants, pour les indélicats,
Pour les frustrés, en somme, toute personne
En disgrâce avec le pouvoir de Ouagadougou!
Le grand Nord est devenu en moins de trois
Décennies, un concentré de frustrés au
Milieu de populations laissées à elles-mêmes!
Des populations, qui sans le vouloir, sont
Devenues des prisonniers tout comme les
Fonctionnaires affectés à leur service!
La prison du grand Nord est née,
Avec elle, des populations adeptes au repli
Identitaire, aujourd'hui taxées de tous les
Synonymes méchants et malveillants!
Le Nord fait partie de ce pays et la construction
Du pays ne se fera pas sans lui!
Sinon pour survivre, les populations s'adonneront
À toute sorte de commerce licite ou illicite!
Le Nord, c'est toi, moi et nous à la fois!
Un burkinabè ne devrait pas plus peser
Qu'un autre, sinon adieu la cohésion nationale!
La prison du grand Nord doit enfin libérer
Ses locataires en refondant leur statut!

Makaïboo Ousmane Somah

Banfora, je te parle!

Banfora, un grand nom pour une piètre image!
Un grand nom pour une ville invisible, dont les
Filles et les fils sont en mode bagarre de chiffonniers,
En mode chiens de faïence, en mode
Je t'aime, moi non plus!
Une ville, où le wack est plus mis en exergue
Que le savoir-faire et la compétence!
Une ville, où les talents sont taxés d'étrangers,
De bôyorodjans, de tous les noms d'oiseau!
Banfora des projets difficiles, Banfora des possibilités
Impossibles dues à la mésentente de ses filles et
Fils, transformés en monstres pour compromettre
Tout effort de développement durable!
Banfora, des sorts qui voltigent la nuit!
Banfora, des pièges nocturnes et diurnes!
Banfora, des prairies inexorablement irriguées!
Banfora, dans les Cascades, irriguée 365 jours!
Quand accepterais-tu la critique constructive
Pour avancer durablement?
Regarde, la mésentente entre tes fils à faire
Fermer les GMB et à créer un désastre social!
Si tu n'y prends garde, la SN-Sosuco fermera
Et la Sopal avec pour ton malheur futur!
Banfora, ce nom rime avec les cascades de
Karfiguéla, le fleuve Comoé, les rôniers, le
Souchet, le poisson, le coton, l'igname, le tarot...
Pourquoi ne te mets-tu pas à la place d'une ville!
Pourquoi me taxes-tu de mossi, de gouin, de
Karaboro, de peul, de bobo, de siamou ou de tiefo?
N'as-tu pas besoin de tous ces bras valides pour
Ta construction, que tes propres fils ont
Fondamentalement bafouée?
Banfora, que dirai-je que le monde ne sait déjà?
Sois un centre digne pour des périphéries prospères!

Makaïboo Ousmane Somah

De la paresse

Couché sur le canapé,
Il attend, il attend, mais quoi
Au juste? Seul Dieu sait!
Il attend du matin au soir.
Il est à la même place, rêvant, la
Tête dans les nuages, les jambes
Croisées, il attend que Dieu lui vienne
En aide! Sa paresse est justifiée par
L'inaction divine, par la lenteur du ciel!
Médisant des autres, il est informé de
Tout, il sait tout, il voit tout, il entend tout!
Sa théière n'est jamais vide,
Son fourneau toujours allumé,
Mendiant par ci et par là des mégots
De cigarettes, des petites pièces pour
Entretenir sa chaudière, quémandant
Des mégas pour alimenter son téléphone,
Il est abonné à la liste des cyberlèche-culs,
Pour des mégas et des mégots, il est capable
De diffamer les honnêtes citoyens,
Capable, il l'est aussi dans le mensonge
Il attend et attend toujours
Les autres sont vus comme les malheurs
De son hibernation et de sa léthargie!
Il attend peut-être le passage du politique
Fantoche, qui l'utilisera et se débarrassera
De lui, une fois son but atteint.

Makaïboo Ousmane Somah

Afrique mon Afrique,

Afrique de 56 États dits indépendants
Sur le papier, mais dépendants
Sur le terrain et dans la réalité!
Afrique de toutes les richesses,
Devenue aujourd'hui la risée du
Monde entier avec des guerres
À profusion et des meurtres à visages découverts
Afrique de 56 chefs d'Etats incapables
En réalité d'amorcer le moindre
Développement humain durable,
Mais capables d'ériger des dictatures
Les plus féroces et les plus dures!
Afrique des désolations et des massacres,
Afrique incapable de s'unir!
Afrique perdue et désorientée!
Qu'attends-tu pour rentrer dans le
Concert des nations décideurs,
Dans le concert des nations de demain!
L'océan même repousse tes fils qui te fuient!
Le désert les arrête net et les tue!
Seuls les plus durs avancent pour venir
Tomber dans le piège de l'asile et de l'extrême
Droite européenne et américaine violente,
Haineuse, assassine, revancharde et inhumaine!
Dis-moi Afrique, quand seras-tu
Terre de migration? Terre d'avenir?

Makaïboo Ousmane Somah

Des délinquants au pouvoir

Ils se nomment Kaboré,
Ils se nomment Sall,
Ils se nomment Ouattara,
De par leur silence, ils nous ont
Amenés vers l'abattoir, vers
Le fond de cette mer glaciale,
Où le corps de jeunes africains gisent
À jamais et pour toujours
Ils se nomment Gnassingbé,
Ils se nomment Talon,
Ils se nomment Issoufou,
Ils ont promis monts et vallées
Au peuple, aux électeurs,
Ils ont dit qu'ils changeraient la face
Du monde et créeraient plus d'emplois
Au lieu de cela, ils ont créé plus de tombes
Plus de misère et de départs de jeunes dignes
Qui ont préféré aller mourir en Hommes
Qu'en lâches ou larbins
Ils se nomment Shirleaf,
Ils se nomment Biya,
Ils se nomment Zuma,
Ils se nomment Bouari,
Tels des délinquants, ils regardent
La jeunesse aller mourir
Sans pouvoir lui offrir la moindre lueur d'espoir.
Ils se nomment....

Makaïboo Ousmane Somah

Seigneur!

Écoute ma prière de ce matin!
Ô père des cieux et de la terre!
Je t'invoque pour que tu nous
Permettes d'utiliser à bon escient
Notre cerveau sans avoir à demander
Avant ton avis et ton consentement
Tu nous as créés libres, alors accepte
Que nous puissions jouir des avantages
De nos cerveaux, avant qu'ils ne
Soient corrompus par Alzheimer, l'oubli,
Le temps, la maladie et la tumeur!
Seigneur, dote-nous juste d'un peu
De jugeote, de bons sens et de vouloir!
Quand il y a malheur, on crie ton nom!
Serais-tu un Dieu délinquant?
Quand il y a bonheur, on te loue!
Ne dit-on pas que tu es amour?
Comment peux-tu accepter des imams
Et tes prêtres pédophiles dans ta maison?
Comment peux-tu cautionner les actes
De détournement de deniers au sein de
La paroisse, de la mosquée et du temple!
Seigneur, que ta volonté soit faite ici
Comme ailleurs et toujours!
Ne nous prive pas de l'usage de notre cerveau!

Makaïboo Ousmane Somah

Les escrocs

Fais attention à ma peinture
Quand tu mettras le matériel dans ma voiture,
Cette voiture chèrement acquise
Après de longues années de labeur,
De sacrifices et de galère
J'ai dû détourner pour en arriver là
J'ai dû surfacturer pour en arriver là
Tu veux être intègre, alors accepte
De mourir dans la pauvreté et sans honneurs
Tu veux être sérieux et droit comme une bougie,
Alors accepte de faire de tes enfants des mendiants
L'argent est le nerf de tout et le matériel
La face visible de l'argent indûment pris!
Sois fort et rusé!
Crie à l'intégrité lorsque les caméras sont
Rivées sur toi, à l'ombre fais autre chose!
N'aies pas de sentiments pour les pauvres,
Ils ne sont bons qu'à voter, qu'à nous voter!
Ruse aussi longtemps que tu peux avec eux!
Ils ne comprennent rien au jeu!
Prends leur argent et remets-le-leur sou
Forme de prêt, ils vous béniront à jamais!

Makaïboo Ousmane Somah

Le vide

Rien n'est là,
Mais quelque chose est là,
Invisible, mais là
Dans de la lumière et dans l'obscurité,
Invisible à l'œil nu, mais là
Il faut bouger les feuilles mortes et vivantes
Rien n'est éternel et atemporel
Tout finit dans le vide,
Dans un silence plat
Et le passage de Morphée aggrave
Ce silence en exposant la terre
À des conquêtes d'êtres invisibles,
Mais existants et vivants
Le vide se rend dans le lit abandonné
Le vide se voit dans la rue désertée
Et le voyant finit par lui-même devenir
Invisible avec des troubles de mémoire
Qui l'éloignent des détails les plus croustillants
Le vide s'installe avec le temps et l'oubli
Pour ensuite rendre le visible invisible.

Makaïboo Ousmane Somah

Monsieur malhonnête

Il s'appelle Monsieur,
Excusez, Monsieur Malhonnête,
Éternel distributeur automatique
De cartons rouge et jaune,
Le dictateur se souvient encore de lui,
Tout comme son gouvernement!
Monsieur Malhonnête a partagé et repartagé
Les cartons de toutes les couleurs!
Il se réclamait de la Vertu,
Il se réclamait insurgé
Aujourd'hui au perchoir, il a décidé de
Museler la parole, de museler les sans-voix,
De museler et de bâillonner ceux qui,
Jadis, s'insurgèrent comme lui!
Aujourd'hui ministre, Monsieur Malhonnête a
Fait tomber son masque et de façon drue!
Il marche sur les acquis de l'insurrection
Dans un *gouverne-et-ment* dit d'insurgés!
La Vertu se retourne dans sa tombe
Et les martyrs sont stupéfaits du fond
De leurs tombes devenues glaciales
Par manque criard de justice et de volonté politique
Quand Monsieur Malhonnête devient Vertu,
Il y a de quoi perdre son latin!

Makaïboo Ousmane Somah

À l'insurrection

À l'insurrection, nous sommes allés,
Mais pas avec le même esprit!
Il y en a qui sont allés par conviction,
Certains par vengeance,
D'autres pour accéder à la mangeoire!
Il y en qui réclamaient des factures impayées,
Afin d'encaisser frauduleusement l'argent du
Pauvre contribuable burkinabè qui était devenu
Dans leurs mains immondes un Con et une
Vache laitière pour juste eux et leurs clans!
J'en oublie, il y a aussi ceux-là qui voulaient
Des martyrs, afin d'engranger les dividendes
Sous formes de médailles, de postes ministériels,
De reconnaissance sociale, de placement politique
Certains ont bu du sang des martyrs en allant
Souper avec les bourreaux d'hier
En calculant politiquement, ils se sont brûlé
Sans le savoir les ailes et l'image politique
Ils ont osé faire du ski politique dans le sang,
Le sang des martyrs, qui a ouvert un temps
Soit peu la porte du nouveau Burkina Faso
Laquelle porte s'est aussitôt renfermée tant
La division au sein des enfants du Faso est
Grande, palpable, visible et coriace!
À l'insurrection, nous sommes allés,
Mais les intentions étaient différentes!
De leçons, nous n'en avons besoin de personne
Les insurgés sont divisés en ultra insurgés,
En anti-putschistes, en pro-putschistes,
En OSC pro ou contre ceci ou cela!
Pendant ce temps, le nord grouille de djihadistes
Aveugles et assoiffés de sang, manipulés
À l'ombre par des burkinabè pour tuer
Des burkinabè au nom de pro ou contre!
À l'insurrection, nous sommes allés,
Afin que les masques puissent tomber!
À l'insurrection, nous sommes allés,
Mais sans la justice!
Makaïboo Ousmane Somah

Je préfère être beau du cerveau

Je préfère être beau du cerveau que du corps
Le corps est périssable, le cerveau impérissable
Mes actes passés, présents et futurs ne seront
Pas jugés selon la beauté de mon corps,
Mais selon les actes de mon cerveau,
De mon intelligence, de mon savoir-faire,
De ma bravoure intellectuelle, de mon intellect
Bref de mon esprit et non de mon apparence!
Le Burkinabè est méchant et ondoyant,
Il est solidaire par hypocrisie,
Il compatit par zèle,
Mais en réalité, il déteste l'intégrité tant
Prônée par lui-même depuis des lustres!
Il affectionne les voleurs et méprise les
Travailleurs honnêtes, qu'il vilipende!
Il adore les gens en costards chers,
En grosses carrosses, dont l'origine de
La fortune est floue et scandaleuse!
Il refuse le champagne et le vin par
Fausse modestie, sinon il en raffole
Considérablement et s'en gave aux
Frais des masses laborieuses pauvres
Il est capable de marcher sur le handicapé
Pour sécher sa farine sur le toit!
Il est capable de vendre père et mère
Pour se payer sa moto!
Il est capable de...
Je préfère être beau du cerveau et
De mes convictions les plus sûres
Que d'être beau de la poche ou des
Vêtements chèrement importés au détriment
Du Faso Dafani tant vanté, mais peu porté!
Je préfère être beau du cerveau que de
Suivre les lubies politiciennes!
Je préfère être beau du cerveau et savoir
En faire usage pour moi et les miens,
Pour l'humanité, pour demain!
Makaïboo Ousmane Somah

Trop malhonnête pour être honnête

Sa villa acquise avec les deniers publics
Est au nom de l'enfant de sa maîtresse
Spécialiste en fraude et vol, il n'a jamais
Rien eu pour lui-même et en son nom!
Il visite ses chantiers la nuit, car le jour
Est trop risqué pour de l'argent salement
Acquis dans des conditions connes et obscures!
Même sa propre femme est au nom de son
Demi-frère, car il l'a elle aussi frauduleusement
Acquise tout comme ses biens dispersés sous
De faux prête-noms et sous des alias!
Il roule sa Porsche Panamera tardivement la nuit
Quand toutes ses connaissances dorment
Tout lui appartient, mais rien n'est en son nom,
Même son lit et son matelas ne sont pas en son nom
Tout sonne creux et faux sur lui!
Dès qu'il ouvre la bouche, chaque mot qui en
Sort est d'une fausseté légendaire et historique
Chaque mot écrit par lui sonne creux et faux!
Il oserait même péter en public et refuser
D'assumer son pet et son odeur nauséabonde
Il est trop malhonnête pour être honnête
Il a tout et tout lui appartient, mais il ne peut
Pas en jouir, car ne pouvant pas justifier!
A quoi sert la fortune, si on ne peut pas
En jouir de jour comme de nuit sans stress.

Makaïboo Ousmane Somah

Un président non résident

Président mais pas résident
Biya est président du Cameroun,
Mais pas un résident du Cameroun
De la Suisse, il se sucre sur le dos
Du contribuable camerounais résident,
Les résidents camerounais ressemblent
À des êtres lobotomisés sur une barque
De fortune à la merci des vagues anglophones
Déchaînées visant à plonger le pays dans le chaos,
Le président non résident se prélasse dans
Son 5-étoiles suisse aux frais du résident
Camerounais qui tire le diable par la queue
Sur une terre sauvagement riche et bénie
Sur le chemin de l'exil, les résidents forcés de
Partir, maudissent à jamais le président non résident
En qui ils voient leur malheur présent et futur,
La mer méditerranée se gave de naufragés
En leur offrant un cimetière glacial et atemporel.
Le président non résident ne lit pas les journaux
Il ne regarde pas la télé, il a fermé internet!
Le président non résident livrera bientôt par ses
Insuffisances à toute l'Afrique un lot de réfugiés
Malheureux et perdus!
Les camerounais sont des réfugiés en sursis
Victimes du président non résident!

Makaïboo Ousmane Somah

Le pardon du cobra

Quand le cobra demande pardon,
C'est qu'il est à court de venin,
Il calme le jeu, juste le temps de se ravitailler,
Il ira demander pardon à tous ceux,
Qu'il a déjà mordus,
Il ira même en enfer pour pactiser
Avec Satan pour assurer ses arrières,
Il ira demander pardon aux morts
En faisant un détour par le paradis,
L'enfer et le purgatoire,
Mais son pardon doit être pris avec
Des pincettes, avec méfiance, avec tact,
S'il a mordu une fois, il mordra encore et encore
S'il a inoculé son venin aux innocents,
Il n'osera pas à en faire autant pour les coupables
Son venin est mortel
Son jeu est dangereux
Ce cobra royal tuera encore quand ses
Réservoirs de venin se rempliront,
Il tuera pour le plaisir de tuer
Son lit est fait de crânes humains,
Son parcours est parsemé d'ossements humains
Le cobra essaye de tempérer les ardeurs, de calmer le jeu,
Juste pour s'armer et ensuite bombarder le monde
Devenu comme par enchantement naïf.

Makaïboo Ousmane Somah

Et pourtant ils se disent humains

L'animal rie et regarde avec étonnement
Ces êtres arbitrairement taxés d'êtres doués
De Raison, de raisonnement et de logique
Intolérants, ils le sont,
Détestant la contradiction et la concurrence constructive,
Ils aiment le pouvoir et l'argent,
Ils insultent chaque jour l'intelligence de
L'animal qu'ils taxent d'êtres instinctifs
Et chaque jour, ils essayent de tuer en eux-mêmes
La nature, cette nature qui est insaisissable,
Ils essayent soi-disant de maîtriser la nature,
Cette nature qui est en eux qui gagne toujours
Ses combats les plus nobles avec son allié de
Tous les jours appelé Temps,
Le temps est l'allié de la nature et avec lui,
La nature récupère toujours ses droits
Sur le fer, le béton, le plastique, le bois,
Les êtres abusivement doués de raison
Se perdent dans leurs propres conjectures
Et les abysses créés par eux-mêmes sous
Le regard médusé de l'animal
Qui vit sans complexes dans son monde
En acceptant d'être un produit de la nature
Plus l'animal se mire dans la bêtise humaine,
Plus, il est heureux de rester animal à jamais.

Makaïboo Ousmane Somah

Hymne du sommeil

Heureux, ceux qui arrivent à dormir
Dormez en priant pour ceux
Qui n'arrivent pas à tomber dans le creux
Des mains de Morphée, le dieu du sommeil,
Qui parfois se transforme en dieu de la veille
Dormez sereinement et au réveil,
Laissez un peu de sommeil
Dans le lit pour ceux qui tentent en vain
De sommeiller dur, mais en vain
Et qui ont à l'aide du vin
Tenté de corrompre Morphée
Pour qu'il les amène dans sa randonnée
Enivrante et reposante
Dormez bien, mais pensez
À ceux, qui par le biais du sexe,
Ont essayé de piéger en vain Morphée
Pensez à tous ceux qui luttent
Contre sœur insomnie dans le but
De se frayer un chemin vers Morphée
Heureux, ceux qui arrivent à dormir,
Faites un bon sommeil dénudé de tout
Cauchemars apocalyptiques!
À tous ceux, que le sommeil a refusés
Forcez, il vous reviendra.

Makaïboo Ousmane Somah

La vie est dangereuse à vivre

Le temps marque de façon indélébile
La vie, qui se ride, se fane, mais continue
Son chemin, ce chemin tortueux, fait de
Rigolades, de peines, de plaisirs, de pleurs
Les connaissances viennent et partent,
Certains s'installent avec le temps
Et deviennent des amis, d'autres des frères,
D'autres aussi des ennemis, faisant de
La vie un danger perpétuel à vivre
La vie ne fait de cadeau à personne,
Car elle sait qu'elle nous confiera bientôt
À sa rivale, la mort, qui n'attend que cela
La vie est dangereuse à vivre et ne fait
Point de quartier à qui que ce soit
Chaque jour s'effacent de nombreux visages
Dans l'incognito vers des destinations inconnues
Chaque jour peut être le dernier,
La vie est dangereuse à vivre et laisse générer
Chaque heure des masses de "repose en paix"
Les mains se lèvent pour se dire aurevoir,
Des "aurevoirs" périodiques ou éternels?
La vie est un leurre qui se moque de l'humain
Elle nous laisse monter dans son train,
Qui à chaque arrêt livre des gens à la mort,
À l'oubli, aux remords, aux peines et aux douleurs,
La vie est une traitresse qui se trahit en se
Prostituant à la mort, avec qui elle s'accouple
Pour engendrer les ténèbres les plus sombres,
Elle se trahit en se laissant dans la tombe!
La vie est certes dangereuse à vivre,
Mais rien ne vaut la vie!

Makaïboo Ousmane Somah

Le continent, où on attend Dieu

Ils sont assis sur des trésors,
Sur des minerais, sur du diamant,
Sur de l'or, sur le fer, sur l'uranium,
Ils sont sauvagement riches, mais
Terriblement pauvres et affamés,
Ils sont pris dans des pièges mentaux,
Dans des pièges coloniaux, dans les
Pièges de la dictature et de l'ethnicisme,

Ils attendent encore Dieu pour les libérer,
Pour les développer et pour les nourrir,
Dieu est grand, c'est Dieu qui est fort,
Il fera descendre sa grâce sur nous et
Nous ouvrira les portes du paradis, ce
Paradis de l'au-delà, ce paradis, dont la
Voie passe par la mort et par la voie lactée

Ils attendent Dieu et ce toute la journée,
Les Dimanches et les Vendredi en savent
Quelque chose, ils envahissent les lieux
De culte et sont plus pieux que ceux
Qui ont découvert ces religions,

Ils attendent Dieu, même pour de simples détails,
Il paraîtrait que Dieu est en Israël,
Il paraîtrait que Dieu est en Arabie,
Il semble avoir donné dos au berceau de l'humanité
Avait-il fait une erreur en larguant le premier homme
En Afrique, sur ce continent, où on l'attend?

Le Jardin d'Eden symbolise la paresse,
La suffisance et l'oisiveté
Il faut attendre Dieu, tout comme les européens
Qui l'ont attendu, afin qu'il vienne les développer
Il ne faut pas oser parler mal de Dieu,
Sinon gare à ta tête!

Ce continent a tout, mais sans l'accord de

Dieu, on ne pourra rien faire, sans lui
On ne peut pas décoller,
C'est bien lui qui nous maintient en liberté,
Il faut l'attendre pour le bien de tous,
Les minerais pourraient être exploités par
Les néocolonialistes, peut-être que
C'est Dieu lui-même qui les a envoyés.

Makaïboo Ousmane Somah

Monsieur trait(re) d'union

Telle une hyène, monsieur trait(re) d'union veut
S'attaquer aux insurgés,
Qu'il croit affaiblis, qu'il croit endormis!
Ils sont certes divisés sur certains points,
Mais nous savons sauver l'essentiel!

Quand il s'agit de notre survie,
Des acquis de leur insurrection,
D'insurgés à monsieur trait(re) d'union,
Le revirement sonne comme une traîtrise grave,
Comme une gifle cinglante, comme une bâtardise,
Comme une insulte, une infamie, un parjure!

Monsieur trait(re) d'union ricane dans son coin,
Tel un bouffon du roi, telle une plaie politique,
Une chipie, une sorte de chimère étouffante,
Essayant de sonder et de coder en même
Temps la patience et l'endurance des insurgés
D'octobre et des anti-putschistes de septembre!

Haineux, régionaliste, ethniciste et mécréant,
Monsieur trait(re) d'union fait semblant d'être
Un amnésique historique et politique,
Vouloir nier l'histoire commune est son but,
S'afficher avec l'ancien régime réfractaire
Aux idées progressistes et à l'évolution du temps,
Est une sorte de comédie à la Balzac sans Balzac!

Il crie à la réconciliation et ignore la justice,
Avec ses camarades d'hier, ils trinquent sur
Le tapis immaculé du sang de nos martyrs,
Avec des coupes pleines de sang de ces derniers
Qu'ils boivent tels des vampires, tels des sorciers,
Ils essayent de coder l'histoire commune,
Qu'ils n'hésiteront pas, plus tard, à falsifier en
Mettant à contribution, les bonnets de la féodalité,
Qu'ils feront perdre à jamais,
Monsieur trait(re) d'union est avec ses camarades

Voulant se soustraire de la justice,
Une hérésie politique en quête de nouveau mangeoire
politique,
Trait d'union ou trait(re) d'union,
L'histoire décidera de punir les malfrats et
Couronner les justiciers.

Makaïboo Ousmane Somah

Génération sacrifiée

L'année, ils ont osé l'invalider,
Invalidant du même coup tous nos efforts
Ils sont partis de rien pour devenir
Des milliardaires insolents et malcauseurs,
Ils ont emprisonné les espoirs de nombreux
Jeunes, de cette jeunesse hétéroclite,
De jeunesse mange-mil, de
Cette jeunesse-perroquets
Ils ont failli sur toute la ligne,
Cette vieille classe qui n'a nullement
De leçons à recevoir de personne,
Ils ont osé convoyer les moutons rebelles
Dans l'autre monde, afin qu'ils dînent avec Satan,
Ils ont tué leur chair, mais pas leurs idées,
Ils ont mis le feu à la maison commune en
Y invitant le diable et ses diablotins,
Qui ne se sont pas faits prier pour faire
Rentrer dans la maison commune
À l'aide de leur fourchette,
Le mensonge, le recel, le vol, la fornication,
La sodomie, le détournement, l'ingratitude,
L'incivisme, la terreur, l'horreur et l'injustice,
Laissant naître en nous un sentiment de
Révolte, d'insurrection et de rébellion,
Ils ont osé prendre en otage des vies
Humaines se substituant à Dieu,
Éhontés et menteurs, ils affirment
Travailler pour nous,
Tandis que nous maigrissons,
Eux, ils deviennent bien gras
Sur nos dos et sans efforts
Ils ont osé.

Makaïboo Ousmane Somah

Avorteuse et avorteur

Le champagne remplit la coupe,
Ils boivent avec gloutonnerie
Sans se soucier des dépenses,
C'est le week-end, c'est la fête,
Il faut décompresser sérieusement
L'alcool et la grillade rapprochent
Inéluctablement le jeans et la jupette

La chaleur monte et les lèvres se
Rapprochent lentement et dangereusement,
Le mercure monte, la tension aussi,
On se chuchote à l'oreille et le
Sourire laisse les dents blanches
Illuminer la nuit noire et fraîche
On se retire loin des regards indiscrets

On enfourche à deux la bécane
On disparaît dans la nuit pour
Réapparaître entre quatre murs,
Le jeans désarme la jupette,
La saucisse sous l'effet de l'alcool
N'est pas enveloppée, elle se lance
À la recherche du four ardent,
Qui, de par sa chaleur, la laisse
Fondre de plaisir intense
Gémissements et hurlements déchirent

La nuit calme, noire, fraîche
Continue jusqu'au matin
Des semaines après, un bout de chou
S'annonce dans le four, qui ne s'y attendait pas
Il alerte immédiatement en pleur la saucisse,
Qui ne refuse d'assumer sa responsabilité,

On passe par la manière forte pour
Étouffer le bout de chou,
Cette fleur qui avait commencé à
S'épanouir et à goûter aux délices de la vie,

On devient criminel par procuration et
Ce de façon précoce, la saucisse
Abandonne le four et passe dans un
Autre pour commettre les mêmes forfaits
On prend ainsi plaisir à tuer des innocents.

Makaïboo Ousmane Somah

Violence au lit

Il ronfle comme une
Moto au pot d'échappement percé,
Elle n'arrive pas à dormir et pourtant,
C'est bien elle, qui doit se réveiller la première,
Il ronfle fortement et sauvagement,
En plus ses aisselles dégagent une odeur
Pestilentielle, une odeur cadavérique,
Elle doit supporter tout cela au nom
Du mariage, au nom du meilleur et du pire!
Il a bu hier de la bière et rote au lit sans arrêt,
En plus de ses ronflements stridents,
Il a des flatulences atomiques d'une senteur mortelle
Elle n'arrive pas à dormir,
Car il a occupé tout le lit avec sa masse ballonnante
Il ronfle terriblement tel un vieux camion
Ayant des difficultés à monter une côte,
Elle assume tout et ne dit rien,
Car elle n'est pas aussi sainte!
Elle lâche aussi des flatulences d'une senteur
Atomique, d'une odeur terrible, que lui aussi,
Respire parfois dans le silence ou dans le sourire
Ils se font la violence au lit, une violence légale.

Makaïboo Ousmane Somah

Le professeur du malheur

Je suis le seul dans ma matière dans mon pays,
Je suis le seul cerveau apte à enseigner
Cette matière, cette matière-là même qui est prisée
Je suis professeur docteur docteur, mais
Je n'ai aucune publication digne de ce nom
Pouvant faire avancer mon pays, ce pays
Que j'aime tant, ce pays qui m'a tout donné!
Les jeunes, tu parles de quel jeune?
On ne peut pas les laisser entrer ici,
Ils ne sont pas les bienvenus,
L'université ne doit pas être un lieu, où
Tout le monde peut accéder!
Préparation de cours ? Je ne prépare rien,
Je donne les mêmes cours aux mêmes étudiants
Depuis plusieurs décennies et de façon continue
Je suis le professeur, l'unique dans ma matière
Sans moi, personne ne comprend rien
La pédagogie de l'échec et
Les zéros collectifs sont mon fort,
Je suis le professeur de malheur,
Je suis irremplaçable, intelligent et intellectuel
Mon laboratoire ne survivra pas après moi,
Sans émotions, je traverse le temps avec
Des crânes de mes étudiants dans mon
Sac tueur d'avenir et fabricant de zéro collectif
Je suis le A et le O du savoir,
Je suis ce professeur du malheur qui détient
Les clés des bourses et des différentes sessions.

Makaïboo Ousmane Somah

Au lieu de...

Au lieu de suivre comme un mouton,
Essaye de t'arrêter et de voir où on te conduit
Au lieu de jurer par un Homme,
Jure sur toi-même et tu seras heureux
Au lieu de croire que l'autre fera ton bonheur,
Lève et vaque à tes occupations
Au lieu de jalouser et d'envier inutilement,
Entreprends en rendant ton cerveau utile
À toi, à ton entourage et à l'humanité
Au lieu de passer le gros de ton temps à
Implorer le Tout-Puissant, Maître du ciel et de la terre,
Lève-toi et bats-toi, car Dieu lui-même déteste la paresse
Au lieu de te lamenter et de devenir amer,
Lève-toi et prends la vie du bon côté
Au lieu de croire que la politique fera ton bonheur,
Pense à toi-même, car ta vie est un vaste programme politique
Au lieu de penser qu'autrui est ton malheur,
Cherche à connaître tes forces et tes faiblesses,
Pour mieux saisir les opportunités qui s'offrent à toi
Au lieu de...

Makaïboo Ousmane Somah

C'est la volonté de Dieu?

Dieu est-il un délinquant récidiviste,
Pour que sa volonté soit aussi mesquine,
Aussi mortifère, aussi insondable?
Lorsque tu bois ta liqueur avec 12% d'alcool
Et ensuite, tu prends ta voiture pour aller
Convoyer des âmes en enfer,
Est-ce la faute de Dieu?
Tu passes ta journée à critiquer et à insulter
Tout ce qui bouge, sans chercher un boulot,
Après tu reviens crier à la galère sur tous les toits,
Est-ce la faute de Dieu?
Dieu est-il un délinquant?
Pourquoi sommes-nous toujours à la quête
Du responsable de nos irresponsabilités?
Ne dit-on pas dans les livres saints
Que Dieu est amour?
Comment expliquer cette délinquance divine?
Dieu est-il un rôtisseur? Un égorgeur? Un assassin?
Tu fais assez d'enfants, dont tu n'arrives pas
À assurer l'avenir, que tu n'arrives pas à nourrir
Est-ce la faute de Dieu?
Dieu, était-il avec toi dans le lit pour t'aider
À multiplier le nombre de tes enfants?
Dieu, cet être suprême que l'on veut accuser à
Tort d'être le responsable de tous les péchés
D'Israël et des dix vilaines plaies d'Egypte!
Assumons-nous un jour et nous verrons
La face reluisante de Dieu, qui n'est rien d'autre
Qu'amour, don de soi, altruisme, respect, labeur,
Honneur, vérité, effort, persévérance...

Makaïboo Ousmane Somah

Peur de cette jeunesse

J'ai peur de cette jeunesse écervelée,
J'ai peur pour cette jeunesse perroquet,
J'ai peur pour mon avenir,
J'ai peur pour ton avenir,
S'il doit être géré par cette jeunesse suiviste,
J'ai peur, pas forcément peur pour moi,
Mais pour toi, pour lui et pour nous,
J'ai peur de cette jeunesse devenue inhumaine
Et accro aux espèces sonnantes et trébuchantes,
J'ai peur de cette jeunesse affamée et sans repères
J'ai peur de cette jeunesse qui marche sur le corps
Des pauvres pour aller festoyer chez le riche du moment
J'ai peur de cette jeunesse sans morale et sans vertu,
J'ai de cette jeunesse plus panse que pensée,
Une jeunesse à l'œsophage fragile et irréfléchie,
J'ai peur de cette jeunesse qui est désœuvrée,
Sans honneur, sans scrupule et sans vergogne,
Ma peur devient de plus en plus grande et
Mon horizon semble plus s'assombrir à jamais,
Mes nuits sont hantées, car le futur sans scrupule
Vient taper à ma porte et songe pour me mettre
Sous les yeux la déconfiture et l'immortalité
De cette jeunesse d'aujourd'hui prise
Dans les miasmes de la perdition et des contre-valeurs,
J'ai peur de cette jeunesse qui combat le juste au
Profit de l'injuste, dont l'argent l'entretient et
Dont elle s'en délecte avec euphorie dans le présent
Sans avoir peur de faire sa diarrhée dans un futur proche
J'ai peur pour et de cette jeunesse parjure
J'ai peur de cette jeunesse qui sera le
Malheur de nos malheurs.

Makaïboo Ousmane Somah

Sombre horizon

Comme pris par des frayeurs venues
Des abysses, les oiseaux volaient et
Tournaient en rond dans le ciel assombri
Sans se poser, sur le sol surchauffé par
Un soleil de plomb, leurs cadavres jonchaient
Le sol et les champs sous le regard indifférent
Des humains, qui s'entretuent dans les guerres
Stratégiques, religieuses, nucléaires, nationalistes,
Le changement brusque opéré par la nature
Dans la nature et contre les natures, rendait
Les humains orgueilleux et fiers,
Une fierté débordante dotée d'une suffisance
Destructive imprévisible, mais présente,
Les animaux avaient assisté à la première et
À la deuxième guerre mondiale, une guerre
De destruction des humains par les humains,
Une bêtise animale, primitive, une barbarie
Indescriptible menée par des êtres soi-disant
Doués de raison, doués de bon sens,
Ces Hommes qui une fois assis au perchoir
Deviennent insolents, irrévérencieux et discourtois
Menant leurs sujets par le bout du nez,
Attisant le nationalisme et le patriotisme pour
Le malheur des petites gens, qui s'entretuent
Pour consolider le pouvoir de leurs geôliers
L'horizon s'assombrit davantage et la chaîne
De confiance existante se brise peu à peu
Pour laisser éclore des rebelles et des «terroristes»
De la pensée fortement ancrée dans le passé
Et allergiques aux aspirations du moment.

Makaïboo Ousmane Somah

J'ai pris des coups

J'ai pris des coups de cravache,
Car le maître était de mauvaise humeur,
Il m'a battu encore et encore,
Pour lui, battre allait me dresser et me
Remettre sur les rails, la bonne route,
Cette soi-disant route du bonheur nous
A laissé croire que l'école était la seule voie
De salut pour nous tous, la seule voie du bonheur.
Les camarades de classe qui ont quitté tôt
Les bancs furent taxés de vauriens, de perdus,
Certains ont fui les coups, les coups de monsieur
Le maître, les brimades de monsieur le professeur
Au statut exagérément gonflé, distributeur
Automatique de zéros, partisan de la pédagogie
De l'échec, de la tristesse et de la terreur.
J'ai pris des coups, parce que je voulais faire
Autrement et aller au-delà de ce qui était à fournir,
Monsieur le maître m'a traité de fils de pauvre,
De bâtard sans avenir certain, un perdu,
De sa chaise, il m'a mis un coup de pied dans
Les fesses et atteint mes gonades,
Ce qui m'a rendu aujourd'hui stérile,
Du terrorisme pédagogique, on l'a vécu,
Le traumatisme est là et indélébile,
La cravache a plus eu droit de cité que
La transmission de la connaissance, faisant
De nous des ânes scolaires à la merci de
Monsieur le maître et de monsieur le professeur.
La fille, que vous voyez, a pris des coups,
Car elle a refusé les avances de monsieur,
Elle était intelligente, sérieuse et ordonnée,
Les coups physiques et psychologiques de
Monsieur l'ont chassée de l'unique établissement
Du village et ses parents n'ont pas su demander
Des comptes à qui de droit et à temps,
J'ai pris des coups et je refuse d'en prendre!
J'ai pris des coups et je refuse qu'on en donne!
Je suis pour une éducation à visage humain.
Makaïboo Ousmane Somah

126

L'enseignant,

Armé de craie et de bic rouge,
Il se lance dans un combat rude
Contre l'obscurantisme et l'analphabétisme,
Avec la craie, il trace les voies menant au savoir,
Avec le bic rouge, il rectifie chez l'apprenant
Les tirs parfois mal cadrés et mal structurés,
"Lève-tôt", il l'est, "couche-tard", il l'est aussi,
Préparer les cours pour éviter de refiler du tô
Mal réchauffé à ses apprenants, est un souci majeur,
Se lire et se relire est un acte pédagogique majeur
Qui essaye de connecter le cerveau de l'enseignant
À celui de ses élèves dans l'amour, le respect,
La discipline, la mutualité et l'honneur.
Enseignant, lis et forme-toi pour relever les défis
Forme-toi pour donner un avenir à ton pays
Innove et cherche, frappe à toutes les portes,
Afin de donner à tes élèves le chemin conduisant
À l'intelligence suprême et supérieure,
Un cerveau qui travaille, se fortifie,
Un cerveau qui ne fait rien, se fossilise
Et devient un danger pour tous!
Enseignant, qui n'as-tu pas formé?
Enseignant, politique, policier, douanier, médecin,
Plombier, pilote, croque-mort, voleur, etc.
Tous sont passés par toi
Es-tu sûr d'avoir donné le meilleur de toi-même
À toutes ces personnes, dont la société,
Par délégation de pouvoir t'a confié les sorts?
Être enseignant n'est pas synonyme de paresse,
De caresse, de largesse, de richesse, de tristesse
Être enseignant, c'est enseigner et sa matière et
La vie à ses apprenants pour la vie.

Makaïboo Ousmane Somah

Gouvernance et brigandage

Je détourne les deniers publics,
Les caisses du Trésor Public souffrent,
Au lieu de m'éjecter de mon poste,
On me nomme à un post plus juteux
C'est pourquoi je dis,
Nous sommes gouvernés par des brigands
Les Directeurs de services ne donnent pas
Le bon exemple aux salariés et viennent
Toujours en retard pour juste rester une
Quinzaine de minutes au bureau, parce
Qu'une jeune dame teint clair les y attend
Une fois sur place, ils s'y enferment
Longtemps au mépris des tonnes de dossiers
À traiter qui inondent les tiroirs et les tables
C'est pourquoi je dis, nous sommes
Gouvernés par des délinquants
Des ministres vont en voyage avec de l'argent
Frais de l'Etat qu'ils perdent en cours de route
Sans être inquiétés ou remerciés,
Quand on leur réclame nos sous perdus,
Ils deviennent désagréables, vulgaires et hautains,
Le "je-m'en-foutisme" est devenu leur style de vie
Et leur mode actif de gouvernance
C'est pourquoi je dis, nous sommes
Gouvernés par des voleurs
Des Présidents-Hommes d'affaires sont à la tête
De nos États qu'ils considèrent comment des
Conglomérats familiaux, dont l'exploitation leur
Revient de droit sans de compte visible à rendre
Les affaires étatiques sont gérées sur la même
Table, le même bureau que leurs propres affaires,
Ne vous étonnez donc pas de voir
Nos recettes nationales diminuer et eux,
Leurs portemonnaies se gonfler inexorablement
C'est pourquoi je dis, nous sommes
Gouvernés par des parias
L'État et le parti au pouvoir font corps et se détachent
De la masse laborieuse, à laquelle ils semblent

S'opposer continuellement dans le dédain
Le Parti-État nait et laisse de nombreuses fissures
S'installer dans les murs de la nation en devenir
Des antagonismes naissent et élargissent le
Champ sémantique des affrontements futurs
Ainsi, on a Opposition, Majorité, Minorité,
Apatride, Nationaliste, Républicains...
C'est pourquoi je dis, nous sommes
Gouvernés par des trouble-fêtes
Des bonnets censés être ceux de la cohésion,
De l'entente, du pardon, du respect, sont
Devenus des bonnets bandits et assassins,
Des bonnets de la corruption et de la gourmandise,
Des bonnets de la mafia avec une idéologie rétrograde,
Des bonnets collabo, des bonnets faiseurs de misérables,
C'est pourquoi je dis, nous sommes
Gouvernés par des brigands

Makaïboo Ousmane Somah

Gouvernance et Démagogie

Floues sont les finances publiques,
Floues sont les factures étatiques,
La surfacturation règne en maîtresse
Dans les caisses déjà mises à mal par des
Détournements de deniers publics,
Le faussaire est chapeauté comme une référence,
Un modèle à suivre et à imiter,
Pendant ce temps, l'alcool remplace l'eau
Chez une jeunesse aux abois et désœuvrée,
L'amphétamine devient un supporte-douleur,
Douleur due au chômage et au manque de repères,
Nous sommes gouvernés par des brigands,
Gouvernés non par des coupeurs de routes,
Mais des "coupeurs de caisses et d'avenir"!
Ils ont créé des clans tribalo-ethnico-stratégico-
Politico-économiques dans le système et sont
Méfiants vis-à-vis de nous qui ne sommes pas
De leur ethnie, de leur tribu, de leur clan,
Des brigands en bonnets rouges, des brigands
En cravate, en soutane et en boubou blanc,
En Faso Danfani, en habit traditionnel!
Nous sommes gouvernés par des brigands,
Allergiques à la vérité, allergiques à l'Etat de droit,
Allergiques aux "trouble-fêtes", allergiques aux
Chasseurs de dictateurs, allergiques au
Bonheur collectif et aux masses intelligentes!
Ils aiment le flou et dealent volontiers dans
Les ténèbres, ils aiment les en-dessus de tables,
Friands de la malcause et de deniers publics,
Ils nous confondent généralement à du bétail
Électoral et à de la chair à canon,
Ils nous utilisent souvent comme des boucliers
Humains pour défendre leurs intérêts égoïstes!
Nous sommes gouvernés par des brigands!

Makaïboo Ousmane Somah

130

Gouvernance et détournements

De Paris à Yaoundé, en passant par
Abidjan, Ouaga et Dakar, notre sort est le même,
La délinquance des cols blancs semble
Prendre le pas sur celle juvénile
Des fonds sont détournés par des
Politiques censés être les guides
Pour les masses désorientées,
Le comble de l'ignominie bat son plein
Dans le lot de politiques sans scrupules
Ayant fait depuis longtemps le deuil de la honte,
Éhontés politiciens, sans vergogne,
Ils s'étonnent sournoisement de ce qu'on les
Accuse pour des cas de détournements
Devenus normaux à leurs yeux,
Ils le disent tous haut et fort,
C'est comme ça, qu'on a toujours fait!
L'amnésie politique est la chose la plus ordinaire
Prendre pour prendre à toujours été
De quoi nous accusez-vous?
La délinquance politique est dans nos murs,
Elle est reversée dans le monde associatif,
Scolaire, économique et sécuritaire!

Makaïboo Ousmane Somah

J'accuse

J'accuse les politiques qui n'ont
Cessé de produire des aquoibonistes
Au sein de cette jeunesse fragile par
L'œsophage et la panse
J'accuse les bonnets rouges qui continuent
De rougir leurs bonnets dans notre sang
J'accuse l'opposition qui pour des calculs
Politiques et politiciens élève l'incivisme
Au rang de Chevalier de l'ordre de mérite
J'accuse les agents de la santé qui ont
Travesti le serment d'Hippocrate en
Le transformant en celui d'hypocrite
J'accuse les enseignants, qui, au lieu
De donner l'esprit critique à nos enfants,
Leur donne plus l'esprit de critiques
J'accuse le Président du Faso, qui au lieu
De taper du poing sur la table, joue au yoyo
J'accuse les agents de la Fonction Publique,
Qui, au lieu de traiter nos dossiers, jouent
Du pinball sur leurs ordinateurs ou sont
Connectés ad vitam aux réseaux sociaux
J'accuse les professeurs d'université qui
Réclament au xxième siècle encore du par cœur
De leurs étudiants devenus des robots
Et des perroquets réciteurs de leçons
Sans analyses personnelles et critiques
J'accuse ces nombreux docteurs devenus
Des boulets de canon aux pieds de notre pays,
Complices par leur silence criminel,
J'accuse les douaniers de se remplir les poches
Au détriment des caisses du trésor public
J'accuse la police et la gendarmerie pour
Leurs regards coupables face aux crimes
Économiques et au délit d'apparence
J'accuse...

Makaïboo Ousmane Somah

Les lendemains difficiles

Demain ne trahit jamais ce qu'il sera,
Mais il use du présent et du passé
Pour annoncer les couleurs à venir
Il sait que l'Homme est devenu cupide,
Matérialiste, peureux et mercantile,
Le temps se scinde en trois telle la trilogie
Qui dit au nom du Père, du Fils et du Saint-Esprit
Le temps qu'on appelle aussi
Hier, aujourd'hui et demain
Demain est ce futur incertain
Qui nous fait courir comme des fous
Qu'adviendra-t-il de demain?
De ce que je ne maîtrise point?
Le temps, dit-on, est l'autre nom de Dieu,
Mais de quel Dieu? Ton Dieu? Mon Dieu?
Qu'en est-il de celui qui ne croit pas?
Les lendemains se veulent difficiles,
Les valeurs changent et les paradigmes avec
La vérité d'hier ressemble au mensonge
D'aujourd'hui, tout comme le mensonge d'hier
Peut être la vérité de demain,
Le bon sens de l'Homme, on nous a rassuré
Qu'il était fiable et que l'Homme serait doué
De raison, de sagesse, le détachant de l'animal,
Mais l'animal semble s'être plus humanisé
Et l'Homme plus animalisé
Avec le temps, il montre ses limites et
Par espoir ou désespoir, il s'autodétruit
À travers des guerres qui ne cesseront d'être
De plus en plus nombreuses,
Causées par les Hommes pour tuer des Hommes,
Au nom de la religion, de la colonisation,
Du pouvoir, de l'argent et des ressources
La science est plus apte à trouver des réponses
À la destruction qu'à la guérison!
Pitoyable existence humaine basée sur la
Reproduction du déjà existant
Les lendemains s'annoncent difficiles

Tant les Hommes se déshumanisent
Et accélèrent les guerres sous toutes leurs formes
Demain, ce seul mot fait paniquer
Et fait du présent le passé,
Du futur le présent
Demain, c'est ce lendemain qui nous échappe!

Makaïboo Ousmane Somah

Le mur contre la pensée unique

C'est moi qui le dis
Personne ne contredit
Personne, tu contredis,
Alors tu es contre moi!
La pensée unique fait son
Nid aux bords de l'arène
Autrefois démocratique
Les moutons suivent
Les chèvres refusent
Les voix montent
La colère aussi
L'air se surchauffe
Et devient irrespirable
Tous les recours sont épuisés
La pensée est figée dans
Le cachot de la dictature,
Séquestrée et laisse éclore
Des cancres nocifs à l'épanouissement
De la vie et de la liberté,
L'égocentrisme épaule l'égoïsme
Pour le malheur des moutons
Devenus ceux de Panurge,
La chèvre accepte son caractère rebelle
Et subit une mort rapide,
Mais honorable
Le mouton agonisera et finira par mourir
N'enfermez jamais une pensée,
Car elle sortira toujours indépendamment
De celui qui la porte.

Makaïboo Ousmane Somah

Unité-Progrès-Justice?

Unitaire, ils ont voulu qu'on le soit,
Mais en réalité, ils ne font rien dans ce sens,
Au contraire, ils sèment et entretiennent
L'incivisme, la démagogie, le régionalisme,
Le droit de cuissage, le népotisme et le tribalisme,
En somme, tous les maux aux antipodes de l'unité
Du progrès, oui, il y en a eu, mais juste pour leurs
Comptes bancaires offshores, pour leurs enfants
En études dans les prestigieuses universités du
Havard, Oxford, Cambridge ou la Sorbonne
Du progrès personnel et individuel avec
L'égoïsme et l'égocentrisme comme vertus
De la justice? Ce mot est vil et creux de sens
Et semble sonner faux comme une fausse monnaie
Le cimetière de Gounghin est plein de cadavres,
Dont les dossiers hantent les tiroirs du juge,
L'économie pleure sa saignée
Et la jeunesse désœuvrée devient de plus en plus
Insolente, impolie et discourtoise dans le langage
Les attentes sont grandes tant que le désœuvrement sera
puissamment ancré pour
Maintenir la masse en bétail politique!
Vous dites la Patrie ou la Mort, nous vaincrons?
De quelle Patrie parlez-vous? Celle divisée?
Celle malmenée par vous?
Celle vendue par vous via des contrats miniers
Bizarres et non profitables aux masses?
La Mort ? Elle est sûrement réservée aux petites
Gens sans espoirs vivant en dessous du seuil
Minimum de la pauvreté
Victoire ? Avec quoi?
Revoyons nos armes et alignons-nous vite dans
Le bon sens pour ne pas rater le train du développement.

Makaïboo Ousmane Somah

Des Bush à Trump

Des Bush à Trump,
Quelle Boucherie!
Quel gâchis de Barack!
Des Bush à Trump,
On a cassé la baraque en Libye,
On a osé aussi casser la baraque en Syrie
Des Bush à Trump,
La théorie de Monroe a été toujours
En marche pour le malheur des
Baraques récalcitrantes et rebelles,
Pour le malheur des baraques folles
De la charcuterie dans une boucherie
Humaine badigeonnée de sang frais
De la grande Boucherie à la petite boucherie,
La bombe a remplacé la douce musique
Des rives du Tigre et de l'Euphrate
Les ruines de l'empire de Nebukadnezar ont
Disparu à jamais sous le poids des bombes
De la Démocratie et des droits de l'Homme,
Des bombes démocratisantes de Barack
Au nom de la Démocratie, la baraque libyenne
Fut réduite avec son guide au silence
Maintenant, on veut nous tromper,
On veut nous tromper et nous distraire
Comme des gamins friands de tromperies
De la boucherie en passant par la baraque,
La tromperie sur les restes incandescents
De la démocratie dictatoriale menée
Par le NSI, la CIA, le FBI et autres structures
Friands de boucheries et de tromperies.

Makaïboo Ousmane Somah

Gendarmerie sans parfum

Un gendarme qui aime le parfum,
Détestera le travail des armes,
Un gendarme qui veut bien sentir,
Ne suera pas eau et sang pour la patrie
Un gendarme qui veut rouler en V8,
N'acceptera jamais aller au front
Contre les terroristes et les djihadistes
Un gendarme qui veut dormir dans le luxe,
Oserait donner le service de ses armes aux
Forces du mal pour nuire à sa patrie
Un gendarme qui veut jouir des délices
De la vie, oubliera rapidement son arme
Dans un maquis, dans un bar ou dans un bordel
Un gendarme qui aime les belles filles,
Serait capable de trahir des secrets d'Etat
Un gendarme qui a poussé des fesses et
Qui a de l'embonpoint ne peut pas faire
Le métier des armes dans l'honneur
Un gendarme qui veut vivre en ville,
N'est pas digne de porter la tenue,
Car la patrie ne se limite pas en ville
Un gendarme qui veut du beurre,
Vendrait son pays pour l'acheter
Un gendarme qui aime la cigarette,
Utiliserait l'argent des munitions
Pour acheter sa cigarette
Un gendarme qui aime le luxe,
Ne donnerait jamais sa vie pour la patrie
Un gendarme qui aime la parfumerie,
S'adonnerait à la beuverie.

Makaïboo Ousmane Somah

Le nullard

Gros buveur de boissons fortement
Alcoolisées, le bouffon ne voit pas le mal
Venir, il est débonnaire et rit au hasard
Tel une hyène enivrée devant un festin!
Le nullard se fie à tout ce qu'on lui dit
Il est naïf et rêveur!
Il est né la cuillère en or dans la bouche!
Il n'a jamais géré, il a été lui-même
Toujours géré et toujours administré!
Tant que le whisky est là,
Les soucis seront noyés!
Le nullard continuera à boire et à rigoler!
Autour de son fauteuil sont assis des affamés,
Des mendiants, des roturiers et des sans-culottes!
Tout ce monde de pecnots alphabétisés,
De roturiers sont de mauvais conseillers!
Ils sont en réalité les perroquets du malheur,
Rompus aux jeux de la roublardise et finiront
Par migrer vers un autre fauteuil occupé
Par un autre alcoolique aveugle!

Makaïboo Ousmane Somah

Le serment de l'ivrogne

Je jure de garantir la paix et la stabilité,
De veiller au respect des Droits de l'Homme,
De respecter la constitution et mon serment
De président, garant des libertés individuelles
Et collectives, de veiller à la protection de la vie,
Des minorités religieuses et ethniques!
Je jure de garantir l'inviolabilité de nos frontières,
De diminuer le train de vie de l'Etat, des
Ministres, des directeurs généraux et des
Hauts fonctionnaires de la Nation,
Afin que les dividendes profitent à la Nation entière!
Promesse d'ivrogne, promesse de Gascon!
Rien n'a été respecté, rien n'a été fait!
Des concitoyens meurent, les enfants pleurent!
Les fosses communes se multiplient et
Les détournements de deniers publics se
Multiplient tandis que les cimetières deviennent bossus!
Promesse de porte-fort, enfumage!
Le petit peuple se perd dans le leurre
Constitutionnel intentionnellement animé!
Il y a loin de la coupe aux lèvres!
Mensonges, arrêtez de mentir
Pour atténuer nos souffrances!

Makaïboo Ousmane Somah

Le silence mortel

Le mal est dans l'air,
Cet air malsain appelé cohésion!
Les cimetières sont remplis de naïfs ayant
Cru au patriotisme de l'élite et des belles phrases
Chantées à longueur de journée à la radio,
À la télé, dans les journaux et dans les meetings!
L'amour du pays ou l'amour de l'argent?
L'amour des affaires louches sous des titres
Ronflants, incongrus, improductifs!
La nation, c'est l'élite au pouvoir et dans l'administration!
Le monde paysan se sent écarté de la gestion
Il est juste bon à voter et à applaudir!
Ces homo-applaudicus, si débonnaires!
Le mal est dans le salaire!
Ce salaire qui n'évolue pas!
Le mal est dans le mensonge politique
Il fera toujours des morts dans le monde paysan!
Le mal est dans la gouvernance!

Makaïboo Ousmane Somah

Amputée d'un bras au développement!

La femme est amputée du développement!
Elle doit rester, dit-on, au foyer!
Tout comme en Afghanistan,
Dieu y part pour pleurer sur le sort de la femme!
Nous sommes des égoïstes nés!
Nous voulons tels des chats friands
De poisson, mais détestant la nage,
Être l'alpha et l'omega de la vie!
Le développement sans la femme est inconcevable!
N'est-ce pas à deux, que l'homme et la femme
Furent chassés du Jardin paisible d'Eden?
S'il y a un monde meilleur à bâtir,
Alors que les deux y mettent la main à la pâte!
Dieu ne verrait cela d'un mauvais œil,
Qu'une femme pilote un avion!
Dieu ne sera pas courroucé
Qu'une femme gouverne un pays!
Mais hélas, nos États sont des États
À très forte odeur masculine et
La priorité dans l'éducation formelle est
Faite aux garçons, porteurs de noms de famille!
Le développement peut attendre
Tout en étant amputé d'un bras assez valide
Pour donner la vie, s'en occuper
Faire le ménage, assister les malades …
Femme est synonyme d'Humanité!

Makaïboo Ousmane Somah

Reproduction interdite sous peines de poursuites judicaires.

Du même auteur

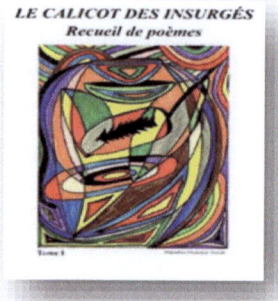

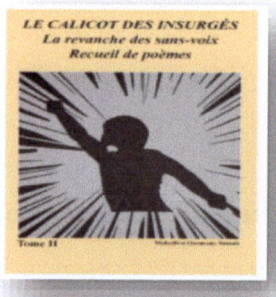